Pierre d'Arzon

Initiation à la pratique du pendule

L'art et la manière en radiesthésie

Préface de Dominique COQUELLE

Éditions TrajectoirE

Une marque du groupe éditorial Piktos,

355, rue de la Montagne Noire – 31750 Escalquens

www.editions-trajectoire.fr

Imprimé en France
I.S.B.N. 978-2-84197-764-2

PRÉFACE

La radiesthésie, ou science du maniement du pendule et des baguettes, connaît auprès du grand public un intérêt croissant, mais, s'il est justifié, cet intérêt laisse entrevoir aussi une profonde incertitude quant au futur de notre société technologique. Les bouleversements de la vie rurale des siècles passés qui laissent les citadins sans racines, les conflits mondiaux qui se sont succédé, le non-sens d'une consommation incessante et une pollution exponentielle accompagnée d'un effet de serre ne peuvent évidemment pas renforcer notre confiance dans l'avenir. Ainsi, aujourd'hui, plus que jamais dans le passé, nous avons besoin de réponses et de faire des choix qui seront décisifs pour notre vie et le bonheur de nos proches. La radiesthésie peut nous y aider.

Notre intellect fonctionne à l'aide des programmations qui ont été établies par notre éducation, les exemples de nos parents et les influences de notre environnement. Ces données ont créé notre personnalité et nous permettent, dans la plupart des cas, de prendre une décision. Cependant, il existe de nombreuses situations où notre mental rationnel est impuissant à choisir et incapable de prévoir, sauf pour certaines personnes qui ont une sensibilité développée. Celles-ci sont à même de sentir les situations et d'avoir accès à des éléments de réponse au travers d'une forme d'intuition, une capacité de « lire » leurs ressentis. Ce don, que nous possédons tous potentiellement, ne demande qu'à se développer.

La science du pendule remonte à la plus haute antiquité ; ont été retrouvés dans les tombeaux égyptiens de nombreux pendules de grès et de terre cuite, dont le musée de Turin regroupe plus de trois cents spécimens de toutes tailles. À l'époque néolithique, les chamanes savaient ressentir, à l'aide de baguettes et de pendules,

les émissions telluriques du sol pour en tracer les lignes des réseaux et positionner les pierres levées : elles sont toutes alignées sur les lignes ou les croisements des réseaux ! Au Moyen Âge, les moines bâtisseurs ont hérité de cette connaissance, comme en témoignent les tracés directeurs des églises romanes et des cathédrales.

À toutes les époques, les sourciers ont déterminé non seulement l'endroit exact pour creuser un puits, mais aussi les plans au sol des bâtiments pour guider l'architecte dans la construction de maisons saines. Les sourciers chamanes ou guérisseurs sont performants pour deviner ce qui est sous les apparences, car ils ont développé leur don du ressenti.

Comme nous pouvons le constater, la radiesthésie fait partie de notre culture, mais elle a été occultée par la montée d'un rationalisme scientifique qui, si nous n'y prenons pas garde, nous coupe de notre mental intuitif. Nous avons la nécessité de laisser grandir en nous cette aptitude à ressentir les énergies et à pouvoir décrypter nos sensations en termes clairs.

Se servir d'un pendule est à la portée de tous et, si vous êtes débutant, vous pouvez y parvenir après quelques heures de pratique. Bien sûr, une plus longue expérience émaillée de nombreux succès rendra vos tests plus exacts, mais vous avez surtout besoin de « croire dans votre capacité à découvrir » ce qui est caché derrière le voile de la forme. La forme humaine ainsi que le monde formel qui l'environne ne sont que les manifestations des différents niveaux de réalité plus subtils, dans cette dimension visible. Les traditions spirituelles européenne ou asiatique ont coutume de définir un certain nombre de corps subtils qui ont présidé à la formation du corps physique. Ce que vous ressentez dans le corps physique est le miroir de votre intuition et de votre nature spirituelle.

Quand vous posez une question avec votre pendule, votre mental doit rester en silence et ne pas interférer. Au même instant, votre corps physique va vibrer avec la réponse et créer une sensation, un ressenti. En effet, le pendule, qui est le prolongement de votre main, va pouvoir révéler à vos yeux la réponse donnée par votre corps. Chaque médecin et surtout les kinésiologues savent que le corps ne ment pas. Vous devez avoir une confiance absolue dans votre intuition et dans votre capacité de la révéler avec le pendule.

Le moindre doute qui pourrait s'infiltrer en vous, et qui entamerait cette confiance, rendrait vos tests imprécis. Rappelez-vous que votre corps physique est l'antenne de réception du message émis par votre esprit.

Il existe de très nombreux pendules, de toutes formes et réalisés en différents matériaux : bois, laiton, terre cuite, argent, cristal de roche ou minéraux divers. Cet ouvrage très complet vous présente une large collection de différents modèles avec une fiche technique qui guidera votre choix et vous rendra plus performant. Cependant, au-delà du type de pendule avec lequel vous travaillez, « vous » êtes le récepteur de l'information et le pendule est une prothèse, une canne pour les aveugles que nous sommes. Il est important de comprendre que ce ne sont jamais les énergies de ce qu'on teste qui bougent le pendule dans un sens ou dans l'autre, mais au contraire que le pendule amplifie la réponse du corps et de l'âme.

Le souhait que je formule pour chacun de vous, lecteurs et praticiens, est que vous puissiez développer une voyance des différents niveaux de réalité à l'aide de cette canne d'aveugle, jusqu'au jour où vous pourrez le faire en voyance directe. Ce sera pour vous la preuve que votre sensibilité est devenue plus fine et votre perception intérieure plus aiguë. La lecture de cet ouvrage incontournable vous donnera les meilleures bases pour vous aider vous-même et aider autrui dans tous les domaines.

Dominique Coquelle

CHAPITRE 1

LA DÉCOUVERTE DU PENDULE

| Le pendule

On a dénombré plus de 4 000 sortes de pendules, qui diffèrent par leur matière et par leur forme. C'est dire s'il est difficile de faire un choix, surtout pour un débutant qui veut acquérir son premier pendule et ainsi faire ses premiers pas en radiesthésie, moment fort, inoubliable.

Le but de ce chapitre est de guider l'acheteur potentiel que vous êtes, cher lecteur, pour ce premier pendule et pour les autres à venir, car vous serez amené à en acquérir d'autres, c'est une certitude, au fur et à mesure que vous allez « grandir » en radiesthésie. Vos progrès, d'une part, et la diversification de vos recherches, d'autre part, vous obligent à posséder plusieurs pendules en fonction de leurs utilisations spécifiques, en rapport avec l'élargissement de vos recherches. De la même façon que l'on imagine mal un mécanicien ne posséder qu'un seul outil pour intervenir sur votre automobile, il est impensable, pour un radiesthésiste confirmé, de n'utiliser qu'un seul pendule pour se livrer à sa passion de la radiesthésie.

· Définition

Le dictionnaire Larousse donne la définition suivante : « Le pendule est un instrument de radiesthésie consistant en une petite masse d'un corps pesant oscillant au bout d'un fil ou d'une chaînette dont l'opérateur tient l'extrémité entre ses doigts. »

L'essentiel est dit en peu de mots. Mais en réalité, les choses ne sont pas si simples, tant l'offre de pendules est considérable.

· L'acquisition d'un premier pendule

L'acquisition d'un premier pendule par une personne désirant débuter en radiesthésie s'apparente à l'achat de la première voiture lorsque l'on vient d'obtenir le permis de conduire. Avant de s'acheter une Ferrari (en supposant qu'on en ait les moyens) ou une Porsche... il vaut mieux commencer par s'acheter une « Clio » ! C'est une évidence : pour un conducteur débutant, la Ferrari sera difficile (voire impossible) à conduire, et il ira droit dans le décor. Pour un radiesthésiste débutant, un « pendule 7 chakras » ou un « pendule égyptien » seront impossibles à maîtriser, garantissant l'échec. Soyez raisonnable. Dans la boutique, ne vous précipitez surtout pas sur le pendule qui brille le plus ou qui a la forme la plus extravagante.

Chaque chose en son temps. Un jour viendra où vous pourrez acquérir un tel pendule. Mais d'abord, et c'est compréhensible, vous devez faire vos gammes en radiesthésie. Imagine-t-on apprendre le piano sur un instrument à queue ? Non, un piano droit suffit pour débuter. L'apprentissage du piano et celui de la radiesthésie demandent une même démarche, une même progressivité, avec un impératif, ne surtout pas brûler les étapes, au risque d'être bien vite rebuté par la difficulté.

Alors, quel pendule choisir ? Les radiesthésistes initiés ont une expression parlante à ce propos : « Ce n'est pas vous qui décidez : laissez-vous choisir par le pendule. » Eh oui, c'est aussi simple que ça : le courant doit passer entre le pendule et vous, impérativement, car vous allez faire « corps » tous les deux. Entre le radiesthésiste et le pendule, le lien est fort, solide, immuable. On peut parler d'une vraie complicité entre un pendule et l'homme qui le tient entre son pouce et son index. Une harmonie.

C'est la raison pour laquelle, selon la tradition, on doit acheter son pendule soi-même, et non se le faire offrir. Il n'y a rien de plus « personnel » qu'un pendule (à part une brosse à dents : c'est de l'humour, mais cela illustre bien cette intimité entre homme et pendule). Et donc, quel premier pendule choisir ? Avant de répondre à cette question (patience...), il importe de définir quelles sont les deux grandes catégories de pendules.

· Pendules récepteurs & pendules émetteurs

En radiesthésie, on distingue deux sortes de pendules :

Les pendules dits « récepteurs » qui sont neutres

Ils ont pour fonction de capter les radiations et les énergies émises par l'objet de la recherche, sans les modifier, sans les influencer, d'où leur neutralité.

Les pendules dits « émetteurs » qui sont actifs

Ils sont doués d'une « charge énergétique ondulatoire », soit par leur matière, soit par leur forme (souvent : les deux, matière et forme), ce qui les rend actifs dans la recherche du radiesthésiste, propriété essentielle dans le domaine de la radiesthésie médicale (et dans d'autres applications) puisqu'ils sont capables de réorienter les flux énergétiques, de reprogrammer les dysfonctions, de régénérer, de revitaliser, de réharmoniser.

Chacun comprendra qu'un débutant choisisse toujours un pendule récepteur, en aucun cas un pendule émetteur. En radiesthésie comme dans bien d'autres activités humaines, *il ne faut pas mettre la charrue avant les bœufs*. Pour *se faire la main* en radiesthésie, seul le pendule neutre, récepteur, convient, pour la simplicité et la clarté de ses réactions aux questions posées, pour la lisibilité de ses mouvements. L'acquisition d'un pendule émetteur ne peut se concevoir qu'au terme de l'apprentissage et de la formation, car la complexité qui le caractérise n'est accessible qu'aux radiesthésistes confirmés.

Nous avançons dans la compréhension de la diversité des pendules, qui conditionne leur choix. Intéressons-nous maintenant à leur matière.

· La diversité des matières

On trouve des pendules de *mille* matières différentes, parfois les plus incongrues, y compris en ivoire (ce qui est un comble, compte tenu de la « charge » funèbre qu'ils véhiculent, pour impliquer la mort d'un animal préalable à leur fabrication) ou contenant du mercure (autre anomalie, quand on pense à la gravité de la pollution que ce métal entraîne).

Les principales matières dans lesquelles sont fabriqués les pendules les plus répandus dans le commerce sont :

- Le bois : c'est la matière la plus neutre possible, celle, en conséquence, des pendules récepteurs les plus courants. On utilise principalement le buis, bois noble des Celtes, mais aussi des essences fruitières, comme le bois de cerisier, de prunier, de citronnier, sans oublier les bois exotiques comme l'ébène ou le bois de violette.
- Le métal : c'est la matière de la radiesthésie « classique » traditionnelle. La plupart des pendules étaient autrefois fabriqués en métal, mais leur part de marché tend à diminuer aujourd'hui sensiblement, pour une raison compréhensible : dans notre environnement contemporain soumis à des rayonnements électromagnétiques omniprésents, le métal n'a pas toute la neutralité requise en radiesthésie réceptrice.
- Le verre : c'est une matière qui gagne du terrain en radiesthésie, depuis une vingtaine d'années, sous la forme pure et limpide du cristal (Bohême, Daum, Baccarat…). La matière de ces pendules a l'avantage de pouvoir être taillée facilement en de nombreuses facettes pour fabriquer des pendules originaux.
- Le cristal de roche : à ne surtout pas confondre avec le cristal que nous venons de citer, qui n'est *que* du verre, alors qu'il s'agit là d'un minéral naturel de l'écorce terrestre, le quartz dans son essence la plus pure. Le potentiel vibratoire du cristal de roche est d'une subtilité incomparable, capable d'entrer en résonance avec l'organisme humain pour réguler la circulation de l'énergie. Nous lui consacrons un chapitre dans cet ouvrage.
- Les minéraux : mis à part le cristal de roche, « star » de la radiesthésie actuelle, la tendance *New Age* explique le succès justifié de certains minéraux dans la fabrication de pendules à fort potentiel dans le domaine de la radiesthésie médicale : œil-de-tigre, jaspe rouge, aventurine, labradorite, améthyste, sodalite…

En toute logique, un débutant choisira donc un pendule en bois, de préférence à un pendule en œil-de-tigre (par exemple), mais il peut tout aussi bien acquérir un pendule en métal ou en cristal, pour peu que la forme de ce premier pendule soit la plus simple possible. Car la forme compte tout autant que la matière.

· La diversité des formes

De la forme la plus simple à la forme la plus originale, on distingue :

- La forme sphérique : il n'y a rien de plus parfait, géométriquement parlant, que celle de notre planète Terre, parfaitement symétrique sous tous ses angles. C'est donc la forme élémentaire des pendules, la plus « classique ».
- La forme conique : elle a l'avantage de sa sensibilité réceptrice, de la rapidité de sa mise en mouvement, de sa maniabilité. Certains pendules ont une forme biconique, avec deux cônes superposés, plus sensible encore que le modèle à cône unique.
- La forme dite « en goutte d'eau » : il s'agit d'un compromis, une sphère prolongée par une partie terminale pointue. La « pointe » permet une grande précision dans le travail sur carte, sur plan, sur cadran, sur planches d'anatomie. D'une façon générale, les pendules pointus sont plus précis que les autres, appréciés pour certains travaux minutieux.
- La forme dite « égyptienne » : une pure merveille, devenue un « standard » de la radiesthésie contemporaine, puissamment émettrice d'ondes de forme qui ont de multiples applications, en particulier dans le domaine médical et en Feng Shui.
- La forme dite « en anneaux » : composée de 7 anneaux superposés, destinée aux travaux concernant la circulation de l'énergie dans l'organisme en rapport avec les 7 chakras qui en sont les centres de propagation (et bien souvent les nœuds, provoquant un blocage).
- Autres formes : forme en toupie, ou bien forme dite *de l'Architecte*, ou encore forme du *Bâtisseur*… il existe tout un éventail d'autres formes originales.

Les pendules à témoin sont une catégorie à part, car il en existe de plusieurs formes possibles : ce sont les pendules dont le corps se dévisse afin de pouvoir y introduire un témoin de l'objet de la recherche (nous consacrons un chapitre à ce sujet).

Il apparaît de plus en plus clairement que le choix prioritaire du débutant en radiesthésie se portera sur un pendule en buis, sphérique.

· La purification des pendules

Les pendules nécessitent un soin particulier destiné à les purifier entre deux travaux de recherche.

Les pendules en bois, étant donné leur neutralité réceptrice, sont les plus simples à entretenir. Les épousseter avec un chiffon de laine suffit. Et avant de s'en servir à nouveau, on tape un coup bref (léger) contre la table de travail. Cela suffit à les « recharger ».

Même chose pour les pendules en métal.

Les pendules en cristal doivent être rincés sous l'eau froide entre chaque utilisation. Par contre, il ne faut surtout pas les taper contre une table : ils sont très fragiles. Les rincer suffit.

Les pendules en cristal de roche, eux, doivent être l'objet de soins particuliers, minutieux :

- Les faire tremper pendant une heure, une fois par semaine, dans un bain d'eau pure, froide.
- Les exposer à la lumière du soleil, quelques heures par mois, pour les recharger en énergie yang.
- Les exposer aux radiations lunaires, chaque mois, une nuit entière, avant (ou pendant) la pleine lune, afin de les recharger en énergie yin.

· Le rangement des pendules

Un pendule ne doit pas être rangé n'importe où, n'importe comment. L'erreur à ne pas commettre, par exemple, avec un pendule pointu, est de le porter sur soi en permanence, car l'onde de forme de sa pointe pourrait affecter les cellules dans la trajectoire de sa propagation.

Un pendule doit être conservé chez soi, à l'abri, dans un meuble qui vous est personnel. Si l'on est amené à se déplacer et à le prendre avec soi en vue d'un travail, on le transportera dans une petite bourse de tissu noir (ou de cuir) pour le remettre bien vite à sa place une fois rentré. Les pendules fragiles en cristal craignent les chocs et doivent être encore mieux protégés que les autres.

Dernier point devant être souligné pour conclure ce chapitre introductif : un pendule ne se prête pas. Il est personnel. Personne d'autre que vous ne doit s'en servir. À chacun son pendule !

Comment faut-il tenir un pendule ?

La tenue du pendule est un élément clé de la réussite en radiesthésie, nombre d'échecs étant dus aux mauvaises habitudes acquises par certains débutants inexpérimentés n'ayant pas pris la peine de suivre les recommandations les plus élémentaires en la matière.

Il n'y a pas trente-six mille façons de tenir un pendule. Il y a la bonne, et quelques mauvaises. Alors, autant mettre toutes les chances de son côté en apprenant le B.A.-BA du radiesthésiste : la tenue du pendule.

Tout d'abord, et cela paraît évident, mais encore faut-il l'écrire, on doit tenir le pendule avec sa « main active » :

- la main droite, pour les droitiers ;
- la main gauche, pour les gauchers.

Certains radiesthésistes très expérimentés, pour des travaux bien précis dans le domaine de l'occultisme, et au prétexte que la main droite est en relation avec telle partie du cerveau, et la main gauche avec telle autre, utilisent indifféremment leurs deux mains. Cela ne vous concerne pas, lecteur de ce livre en quête d'une pédagogie *classique* de la radiesthésie. Faites les choses simplement, naturellement.

Deux situations sont à considérer dans la tenue du pendule :

En extérieur, on se tient debout, droit, les deux pieds légèrement écartés, pour un bon ancrage tellurique, dos au nord, face au sud. Ce dernier point est absolument fondamental, et tout travail en extérieur implique de se munir d'une boussole afin de bien se mettre dans le sens de circulation du flux magnétique terrestre. Il doit y avoir synchronisation entre les mouvements du pendule et le sens de propagation du magnétisme terrestre, qui est nord-sud. Reportez-vous au 2e chapitre du livre de Jean-Paul Jacquemet, *Les Aimants, clés du bien-être*[1] : « Le champ magnétique terrestre ».

En intérieur, mis à part les travaux de Feng Shui nécessitant de se déplacer de pièce en pièce, on se tient assis sur une chaise, de préférence à un fauteuil, dans lequel on pourrait s'avachir, ce qui nuirait à la qualité du travail, à la concentration. On se tient le buste bien droit, dos au nord (pour la même raison que précédemment : que l'on soit dehors ou dedans, c'est exactement la même chose quant à l'harmonie avec le magnétisme terrestre). Il est essentiel de travailler sur une table basse, pour la raison évoquée au paragraphe suivant sur le positionnement du bras. En position assise, les deux jambes doivent être légèrement écartées, ainsi que les pieds, bien posés sur le sol. Il y a deux écueils à éviter lorsque l'on est assis :

- il ne faut en aucun cas croiser les jambes, toujours pour la même raison, la neutralité nécessaire au travail en radiesthésie : les jambes croisées ne sont pas « neutres » mais expriment un vécu qui ne doit pas interférer dans les mouvements du pendule ;
- il ne faut pas avoir les jambes suspendues dans le vide, car l'ancrage au sol est une nécessité.

La main est le prolongement du bras. Alors, la première question que l'on se pose est la suivante : quelle doit être la position idéale du bras ? Le bras doit être légèrement décollé du corps, vers l'avant, le coude *libre*. La partie supérieure (de l'épaule au coude) doit être positionnée de façon que l'avant-bras (du coude au poignet) soit parallèle au sol, c'est-à-dire perpendiculaire au buste.

---

1 Jean-Paul Jacquemet, *Les Aimants, clés du bien-être*, Déliver, 2003.

Le positionnement doit être :

- souple,
- sans tension musculaire,
- sans crispation.

Lorsque l'on travaille debout, cette position du bras est facile à tenir. Mais pour tout travail sur table, en particulier en radiesthésie médicale où la séance peut durer longtemps, lorsque l'on interroge une à une les planches d'anatomie, puis un à un les cadrans, on court le risque de mal positionner son bras, et donc de connaître l'échec.

Attention aux mauvaises positions :

- le coude en appui sur la table : NON, en aucun cas, puisque l'avant-bras doit être parallèle au sol. Si l'on pose le coude sur la table, l'avant-bras fait forcément un angle avec le sol ;
- le bras allongé sur la table : NON, car si, dans ce cas, il y a bien parallélisme avec le sol, cela implique de relever fortement le poignet, de façon à pouvoir travailler avec une longueur de fil suffisante, et ce mouvement articulaire contre nature entraîne une crispation, une tension musculaire source d'échecs.

Dans leur évocation de la tenue du pendule, la majorité des ouvrages n'aborde pas un sujet qui a pourtant son importance : que doit-on faire du *bras libre*, c'est-à-dire du bras opposé à celui qui tient le pendule ?

Lorsque l'on se tient debout, à l'extérieur ou à l'intérieur en géobiologie (qui implique de circuler dans une maison), il y a deux solutions :

- si l'on travaille sans témoin, on tient le bras libre allongé le long du corps, dans une position naturelle, la paume de la main tournée vers la jambe, la main entrouverte, doigts légèrement écartés. Attention, le pouce et l'index ne doivent pas se toucher dans ce cas (à l'inverse de la main qui tient le pendule) afin de ne pas créer une polarité interférant de façon parasite ;

– si l'on travaille avec témoin, la main libre fonctionne comme une antenne, index pointé.

Quand on se tient assis sans témoin, la main libre doit être posée le long de la cuisse, dans le plus grand relâchement, paume vers le corps, main entrouverte, doigts écartés. Avec témoin, l'index sert d'antenne pour le travail sur cartes, tables ou cadrans.

Venons-en maintenant à la main qui tient le pendule.

La position naturelle de la main, en radiesthésie, est celle dite du « col de cygne » : le fil du pendule est tenu entre le pouce et l'index, tous les deux tournés vers le sol, alors que les trois autres doigts sont repliés de façon que le reste du fil soit « lové » dans la paume de la main refermée (sans crispation, sans tension).

Attention : le fil ne doit pas passer par-dessus l'index ni être enroulé autour d'un doigt. Il doit être tenu *entre* le pouce et l'index.

Et pour terminer ce chapitre, il faut évoquer la longueur du fil, qui a son importance sur les mouvements du pendule, cette longueur étant un paramètre majeur de la sensibilité du pendule. Si l'on consulte les différents ouvrages sur la radiesthésie, il y a de quoi être perplexe à ce sujet ! Certains auteurs conseillent une longueur de 20 à 25 cm, d'autres 15, d'autres 10, d'autres 7, d'autres enfin de 1 à 3 cm ! C'est à n'y rien comprendre ! Comment expliquer de tels écarts ?

La réponse à cette question relève du bon sens : quand on débute, il faut adopter une longueur de fil suffisamment conséquente pour que le pendule se mette en mouvement. Je défie un radiesthésiste débutant d'être capable d'initier le moindre mouvement de son pendule si la longueur du fil est de 1 à 3 cm, comme on peut le lire parfois. Personnellement, je préconise :

– pour les débutants, une longueur de 15 cm ;

– pour les radiesthésistes confirmés, environ 7 cm ;

– pour les « initiés » (dans certains travaux), 3 cm peuvent suffire.

En bref, au fur et à mesure que l'on acquiert de l'expérience, on raccourcit la longueur du fil de son pendule. On ne coupe pas ce fil, bien évidemment, c'est la longueur du fil maintenu dans la paume qui augmente simultanément au raccourcissement du fil suspendu.

Récapitulons : vous avez choisi votre pendule, vous savez comment il faut le tenir, le temps est donc venu d'observer son mouvement.

· Bonne position

OUI

NON

La position est bonne, mais le fil doit être plus long.

· Mauvaises positions

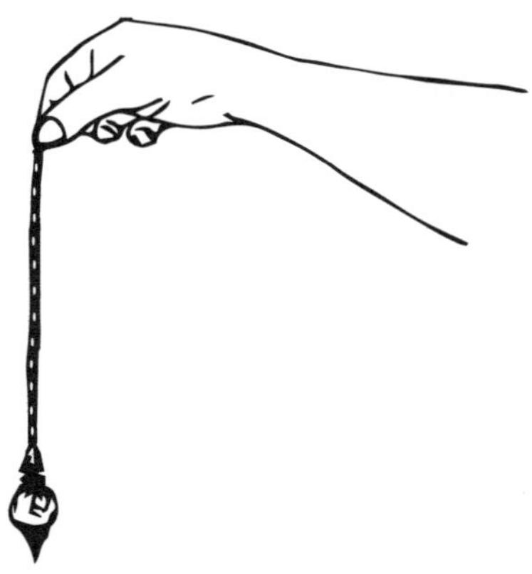

Le fil est trop long.

Le fil est enroulé autour de l'index.

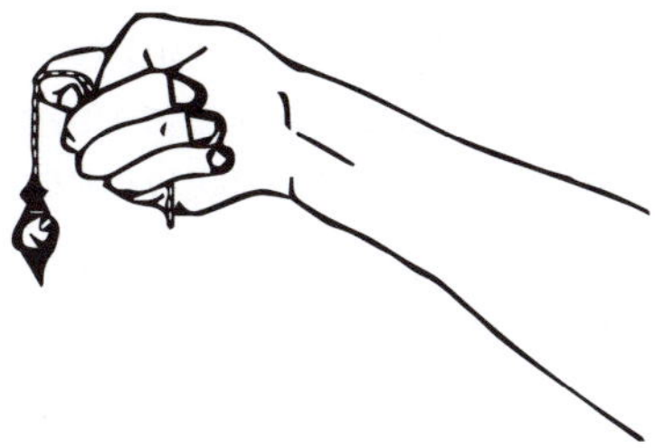

Le fil passe au-dessus de l'index.

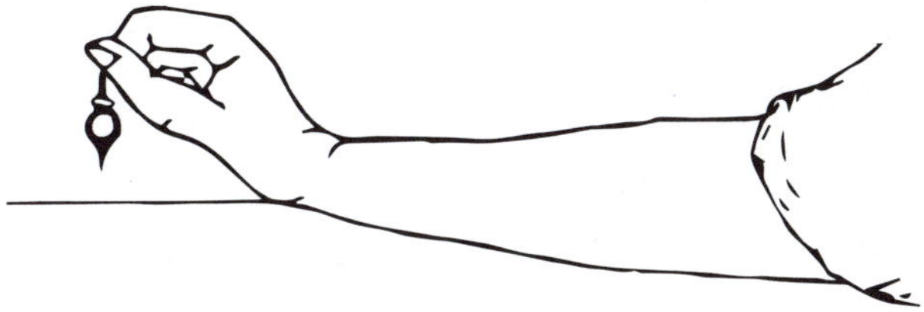

Le bras repose sur la table.

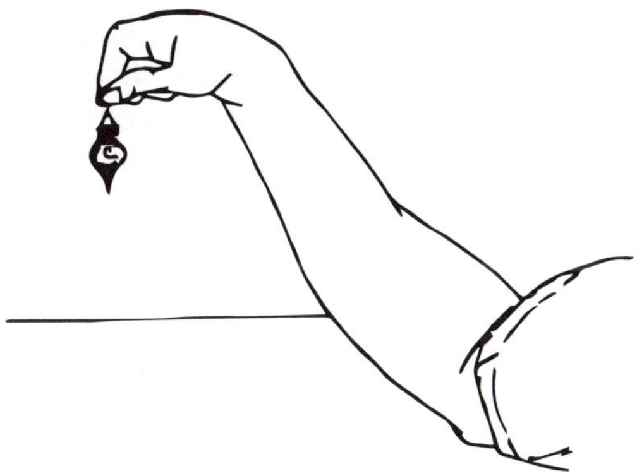

Le coude est en appui.

La convention mentale

Tous les pendules ont un point commun. Quelle que soit leur matière, quelle que soit leur forme, ils ont tous un fonctionnement binaire, sans exception. Cela signifie qu'en réponse à une question clairement posée, ils se mettent en mouvement :

- mouvement de rotation vers la droite, dans le sens des aiguilles d'une montre ;
- mouvement de rotation vers la gauche, en sens inverse des aiguilles d'une montre.

Bien sûr, il peut y avoir d'autres mouvements pendulaires :

- oscillation parallèle au corps,
- oscillation perpendiculaire,
- oscillation oblique droite,
- oscillation oblique gauche,
- mouvement elliptique, hésitant entre la rotation et l'oscillation.

Ou bien il peut y avoir immobilité :

- soit que le pendule refuse de démarrer,
- soit qu'il s'arrête net en cours de *travail*.

Encore une fois, c'est essentiel, si la question a été clairement posée (reportez-vous au chapitre traitant de ce sujet), dans la plus grande neutralité (un chapitre est également consacré à ce sujet capital), il ne peut y avoir aucune ambiguïté, aucune alternative : soit le pendule tourne vers la droite, soit il tourne vers la gauche.

Nombre d'ouvrages de radiesthésie ne parlent jamais de rotation mais de « giration », un peu comme si ce terme à mes yeux désuet était attaché à la radiesthésie, ce qui n'est pourtant pas le cas. Le mot *giration* est dérivé d'un verbe ancien, *girer*, qui signifie « tourner », racine que l'on retrouve dans la *girouette* et le *sens giratoire* d'un rond-point. Il nous semble personnellement pertinent de ne pas utiliser ce mot de l'ancien français car notre regard sur la radiesthésie est résolument contemporain, ce qui implique de dépoussiérer le langage lui étant consacré des expressions que certains se complaisent à employer, dans une attitude passéiste propre à entretenir l'obscurantisme trop souvent attaché à la radiesthésie ; or ce n'est pas notre propos. Nous n'utiliserons donc pas le terme *giration* dans ce livre, mais celui de *rotation*.

Pour en revenir au caractère binaire du mouvement pendulaire, s'il n'y a pas de rotation, c'est que la question a été mal posée ou encore que vous n'êtes pas en état, mental ou physique, de travailler avec votre pendule. Vous devez alors soit reformuler votre question, soit recommencer plus tard.

Ce principe du fonctionnement binaire étant posé, il importe maintenant de savoir à quoi correspond la rotation dite « horaire » (vers la droite) ou la rotation inverse « anti-horaire » (vers la gauche).

En deux mots :

Quel est, pour VOUS, le sens de rotation signifiant OUI quand vous posez une question ?

Quel est, pour VOUS, le sens de rotation signifiant NON quand vous posez la même question ?

Cette problématique est appelée en radiesthésie la « convention mentale ». Elle doit être impérativement établie au départ, au tout début, dès lors que vous avez acheté un pendule et que vous débutez en radiesthésie. Comment établir votre convention mentale personnelle ? Rien n'est plus simple. Je vous propose de poser une pomme sur votre table, de positionner votre pendule à 3 ou 4 centimètres au-dessus d'elle, à la verticale, et de poser la question suivante : « Ce fruit est-il une pomme ? »

Vous observez alors le sens de rotation du pendule. Imaginons qu'il tourne vers la droite. Cela signifie que la rotation horaire de votre pendule indique : OUI. Vous posez alors une deuxième question : « Ce fruit est-il une cerise ? »

Et en toute logique, le pendule tournera vers la gauche. Cela signifie que la rotation inverse de votre pendule indique : NON.

Je vous l'avais dit, c'est très simple. Vous venez d'établir votre convention mentale personnelle. Désormais, et une fois pour toutes :

- quand votre pendule aura une rotation vers la droite, il répondra OUI à la question que vous avez posée ;
- quand votre pendule aura une rotation vers la gauche, il répondra NON.

Cette convention mentale (droite-OUI et gauche-NON) est celle de pratiquement tous les radiesthésistes. Mais un petit pourcentage d'entre eux, difficile à préciser (certainement moins de 10 %), dit avoir une convention mentale inverse (droite-NON & gauche-OUI). Peut-être faites-vous partie de cette minorité. Le test de la pomme permet de le définir.

Votre convention mentale étant établie, vous pouvez commencer à faire des tests pour vous entraîner. Je vous en propose plusieurs, à titre expérimental.

| Les témoins

En radiesthésie, on est amené constamment à travailler avec ce que l'on appelle un « témoin ». Il s'agit soit d'un élément parfaitement identique à celui sur lequel on exerce l'action du pendule, soit d'un élément entrant en résonance avec l'objet (ou le sujet) concerné.

Quelle que soit sa filiation (directe ou par résonance), on distingue :

· Les témoins naturels

Ce sont tout simplement des échantillons de la matière recherchée. Pour prendre trois exemples, bien évidemment non exhaustifs :

- un flacon d'eau, si l'on recherche une source sur plans, avant d'entreprendre une prospection sur le terrain ;
- une pièce d'or, si l'on recherche un trésor ;
- une perle, dans l'hypothèse où l'on recherche un collier de perles ayant été perdu.

• Les témoins dits « par imprégnation physique »

Ce sont ceux utilisés en radiesthésie médicale, lorsque l'on travaille à distance, ou dans le cadre de la recherche d'une personne disparue (dans ce cas précis, ce sont quelques cheveux que l'on peut rechercher, sur une brosse ou un peigne) :

- une mèche de cheveux ;
- tous autres phanères (poils, ongles) ;
- un petit flacon d'urine (ou un buvard – à défaut un mouchoir en papier – imprégné de quelques gouttes d'urine) ;
- un buvard ou un mouchoir en papier imprégné de sang (une goutte suffit), de salive, de sueur.

• Les témoins dits « par imprégnation fluidique »

Bien que l'urine, le sang, la salive et la sueur soient des fluides corporels, ils n'entrent pas dans cette catégorie (mais dans celle, nous venons de le voir, des fluides par imprégnation physique), car dans ce cas bien précis, on entend par *fluide* l'émanation de la personne sujet de la recherche (dans le cas où elle a disparu) ou de l'étude (dans le cas médical). Le plus simple est alors de choisir un habit porté par cette personne, au choix :

- un sous-vêtement, car il a été en contact direct et intime avec la peau dont il garde en mémoire les vibrations ;
- un gant, en ce que la main est chargée de symboles forts ;
- un foulard (pour une femme), une cravate (pour un homme) ;
- un objet personnel (bijou pour une femme, collier, bracelet, bague ou montre pour un homme).

• Les témoins photographiques

Il s'agit tout simplement d'une photo de la personne recherchée ou sur laquelle on travaille en radiesthésie médicale. De préférence, il faut choisir :

- une photo aussi récente que possible. Si l'on recherche une personne d'un *certain âge* (ou si l'on travaille sur elle en radiesthésie médicale), plus la photo est ancienne, plus cela complique les choses. Si le sujet, par exemple, est âgé de 60 ans, une photo de lui enfant ne sera pas d'une grande aide, à l'inverse d'une photo prise au cours de l'année précédente ;

- une photo où la personne est seule (c'est l'idéal, de préférence à une photo de groupe, les autres personnes parasitant l'identité propre à la personne qui nous intéresse) ;
- une photo en pied, de préférence à toute autre, à cause de l'ancrage tellurique et de la morphologie d'ensemble. Mais à défaut, une simple photo d'identité fera l'affaire.

· Les témoins dits « témoins mots »

Ce sont, et de loin, les plus utilisés en radiesthésie, en support de quelque travail que ce soit, et en particulier en radiesthésie médicale, bien que dans ce cas cela semble paradoxal aux yeux des néophytes apprentis radiesthésistes. Ce n'est pourtant pas un paradoxe.

Un témoin mot est un morceau de papier sur lequel le radiesthésiste écrit l'objet de sa recherche. Tout simplement. Par exemple, telle personne prénommée Marie a perdu sa bague en améthyste et vous interroge pour la retrouver (quand j'écris « vous » je m'adresse au radiesthésiste, même débutant, que vous êtes).

Vous avez alors trois possibilités quant à ce que vous allez écrire sur le petit bout de papier qui vous servira de témoin pour la retrouver :

- vous écrivez « Bague » ;
- vous écrivez « la bague de Marie » ;
- vous écrivez « la bague de Marie en améthyste ».

Bien évidemment, la troisième solution est préférable aux deux autres, pour la raison évidente qu'en radiesthésie, la recherche est d'autant plus efficace que le problème est posé de façon précise. La rédaction doit être simple, claire, car, nous l'avons développé précédemment, la clarté et la simplicité des questions posées sont fondamentales, et un témoin mot n'échappe pas à cette règle. Si l'on veut épurer l'expression écrite du témoin : au lieu d'écrire « la bague de Marie en améthyste », on écrira « Bague, Marie, Améthyste ».

Nous abordons dans deux autres chapitres de cet ouvrage les modes opératoires concernant les témoins :

– le chapitre concernant « les pendules », certains pendules ayant un corps qui se dévisse de façon à pouvoir mettre le témoin à l'intérieur. Il existe plusieurs sortes de pendules à témoins. Dans le cas d'un témoin mot, on plie et replie le morceau de papier de façon qu'il entre facilement dans le pendule ;

– le chapitre concernant « les cadrans », lesquels permettent de travailler avec un témoin, en tous domaines de la radiesthésie.

Pour éviter l'interférence d'ondes de formes résultant des supports inhérents aux témoins, comme toujours en radiesthésie, on doit s'efforcer d'épurer les choses au maximum (on ne le dira jamais assez). Ainsi, pour prendre le seul exemple du témoin mot, il sera toujours écrit sur une feuille blanche. Pas de feuilles quadrillées, pour la raison bien compréhensible que le quadrillage du papier peut induire des ondes de forme inadéquates. Pas de papier de couleur non plus, pour la même raison. De même, le témoin sera posé sur la table de travail elle-même recouverte, soit d'une nappe blanche, soit d'une feuille blanche.

Certains radiesthésistes travaillent sur un fond noir. Je le déconseille formellement aux radiesthésistes débutants. Cette couleur doit être réservée à des travaux spécifiques, dans le domaine de la magie et de l'occultisme, qui ne peuvent être entrepris que par des radiesthésistes très expérimentés et non des radiesthésistes en phase de formation, comme la majorité des lecteurs de ce livre.

Le blanc est la couleur neutre par excellence, qui ne pourra en aucun cas interférer avec votre travail (à l'inverse de la couleur noire). Et, nous le répétons tel un leitmotiv, la neutralité est le fondement de tout ce qu'entreprend un radiesthésiste afin d'éviter l'échec.

Le questionnement en radiesthésie

Il s'agit là d'un sujet primordial : le caractère binaire du mouvement pendulaire implique, en amont, un questionnement binaire. En admettant que votre convention mentale soit celle de la majorité des radiesthésistes, la rotation de votre pendule exprimera la réponse à la question que vous avez mentalement posée :

– OUI, s'il tourne vers la droite ;

– NON, s'il tourne vers la gauche.

Tout autre mouvement du pendule (oscillation horizontale, verticale ou oblique) signifiera que le pendule hésite, ne comprend pas la question posée. Ce n'est pas qu'il hésite à répondre OUI ou NON, mais il ne saisit pas, tout simplement, ce que vous lui demandez avec *précision*. Une réponse de *Normand* de la part du pendule (ni OUI, ni NON) implique la reformulation de votre question avec plus de *précision* (c'est volontairement que nous répétons ce terme clé du questionnement en radiesthésie).

Pour obtenir un mouvement du pendule sans aucune ambiguïté (rotation droite ou gauche), il faut poser une question qui ne soit pas ambiguë. C'est aussi simple que cela. Nous allons prendre un exemple.

Imaginons un scénario. Votre fils a projeté de vous rendre visite ce week-end. Il vous a dit qu'il serait peut-être accompagné de sa *petite amie* (qu'il veut vous présenter) et qu'ils viendraient soit par le train, soit en voiture. Vous aimeriez organiser le week-end (achats de nourriture, aménagement de la chambre, loisirs, horaire d'arrivée du train dans cette éventualité).

Vous prenez votre pendule et posez la question suivante : « Mon fils va-t-il venir ce week-end avec son amie par le train ? » En posant une telle question, si vous êtes débutant en radiesthésie, vous avez 99 *chances* (si l'on peut dire) sur 100 :

– soit que votre pendule refuse tout mouvement (restant à l'arrêt) ;

– soit qu'il oscille dans n'importe quel sens, dans un mouvement peu orthodoxe et impossible à interpréter.

Bref, c'est exactement ce que l'on appelle un échec. Mais vous en êtes le seul responsable : vous avez posé trois questions en une seule !

Reprenons le questionnement. Votre fils a *projeté* de vous rendre visite ce week-end, mais il n'a pas confirmé, et vous n'êtes pas sûr de sa venue. La première question à poser est donc : « Mon fils va-t-il venir ce week-end ? » Si votre pendule vous répond NON, ce n'est même pas la peine d'aller plus loin, il ne viendra pas (reste pour vous à obtenir confirmation de son empêchement à venir en lui téléphonant).

Si le pendule répond OUI, vous posez alors la deuxième question : « Son amie sera-t-elle avec lui ? » Et dans les deux cas, qu'il vienne seul (si le pendule a répondu NON à la deuxième question) ou qu'il soit accompagné (s'il a répondu OUI), vous posez alors la troisième question, pour savoir si vous devez vous organiser pour aller à la gare le (ou les) chercher : « Viendra-t-il par le train » ?

Avouez que cela change tout. Au lieu de poser une seule question propre à *embrouiller* le pendule (qui sera alors incapable de vous répondre), vous poserez successivement trois questions simples et claires impliquant, pour chacune d'entre elles, une réponse binaire : OUI ou NON. La simplicité des questions et la clarté de leur formulation (nous avons évoqué précédemment la précision) sont les vertus cardinales du questionnement en radiesthésie.

Conseil utile : réfléchissez bien avant de formuler votre question. À question mal posée, réponse biaisée.

Et pour terminer ce chapitre sur le questionnement, je voudrais insister sur deux points importants relatifs à la déontologie *professionnelle* de la radiesthésie (valables pour le radiesthésiste *amateur* que vous êtes).

Ne posez pas de question qui soit hors du domaine de votre compétence, en particulier dans le domaine de la radiesthésie médicale.

Lorsque vous faites une recherche dans un domaine précis, vous devez avoir un minimum de connaissances en ce domaine. Si vous voulez connaître les numéros qui vont sortir au prochain tirage du Loto, vous n'avez bien sûr pas besoin d'avoir la moindre connaissance à ce sujet. Mais si vous recherchez, pour prendre un seul exemple, la cause de la migraine de votre conjoint, l'utilisation de planches d'anatomie et de cadrans (nous abordons ces sujets plus loin) nécessite d'avoir quelques notions sur la physiologie du corps humain.

Vous devez accepter la réponse de votre pendule, même si celle-ci n'est pas celle que vous espérez, que vous souhaitez ardemment.

Ce point est lui aussi capital. Vous ne devez en aucun cas essayer d'influencer la réponse du pendule à votre question, ce qui porterait le discrédit sur la sincérité et la qualité de votre travail en radiesthésie.

Imaginons que vous demandiez à votre pendule (question *basique*) : « Fera-t-il beau demain ? » Si votre pendule vous répond NON, c'est ainsi, vous devez l'accepter, même si vous avez un projet pour le lendemain qui serait plus agréable à réaliser par beau temps.

Si vous cherchez par tous les moyens, mentalement, à influencer le pendule pour qu'il vous réponde OUI, alors vous n'avez qu'une seule chose à faire : mettez votre pendule dans votre cave (ou votre grenier) et arrêtez tout de suite la radiesthésie. C'est terminé pour vous. La radiesthésie n'est pas faite pour vous, vous n'êtes pas fait pour elle.

En radiesthésie, le maître mot est : neutralité. Vous posez une question, le pendule vous répond OUI ou NON. Vous devez accepter sa réponse. Sans état d'âme.

N.E.U.T.R.A.L.I.T.É.

La rémanence en radiesthésie

La rémanence est une loi de la radiesthésie fondée sur la persistance, en un lieu donné, du rayonnement émis par tout corps lorsqu'il s'est trouvé en ce même lieu auparavant. Par *tout corps* nous entendons toutes les substances :

- du monde minéral ;
- du monde végétal ;
- du monde animal (auquel appartient l'espèce humaine).

La radiesthésie, nous l'avons vu, se définit à partir de la circulation d'ondes, or un lieu habité par un corps garde en mémoire son *empreinte magnétique* : la rémanence est justement un terme emprunté au vocabulaire de l'électromagnétisme. Prenons un premier exemple : si l'on pose une cafetière (pleine de café chaud) sur une table, puis qu'on l'enlève, une fois le café servi, la table gardera (pendant quelques minutes) l'empreinte de la cafetière. Cette *empreinte radiesthésique* s'appelle la rémanence. Il s'agit d'une authentique imprégnation.

Prenons un deuxième exemple : si un chat a couché toute la nuit sur la couette de votre lit, avant de disparaître dans la nature quand vous vous êtes levé, votre couette gardera l'empreinte radiesthésique de ce chat (pendant plusieurs heures cette fois).

La durée de cette rémanence varie considérablement :

- quelques minutes pour la plupart des objets (quelques heures, pour certains, caractéristiques par leur forme et leur matière, par exemple une pyramide en cristal de roche…) ;
- quelques heures (ou quelques jours) pour les animaux ;
- quelques jours, quelques mois, ou encore quelques années… pour les humains.

Certains disent que la rémanence humaine peut durer plusieurs siècles. C'est la raison pour laquelle, en géobiologie, il est formellement déconseillé d'habiter :

- dans une ancienne prison ;

- dans un ancien hôpital ;
- dans une maison où il y a eu un crime ;
- dans une maison (ou un appartement) qui vient d'être habitée par une personne venant de mourir.

Au sujet de ce dernier point, renseignez-vous toujours sur les occupants précédents d'un bien immobilier que vous désirez acquérir. Si les gens ont déménagé (pour raisons professionnelles ou familiales), pas de problème. Mais si les lieux étaient occupés par une personne seule qui vient de mourir, abstenez-vous, cherchez un autre logement.

La rémanence est aussi ce qui explique que certaines personnes particulièrement sensibles aient un malaise apparemment sans aucune raison médicale (et sans savoir pourquoi) en certains lieux qu'elles visitent. La rémanence est consubstantielle à la radiesthésie. Il suffit parfois d'un « rien » pour qu'un pendule se mette en mouvement. Un « souffle ». Une empreinte, quelque chose d'impalpable à l'entendement de la majorité des gens. Pas des radiesthésistes. Un radiesthésiste confirmé est réceptif à la rémanence. Un débutant le deviendra. Il faut laisser le temps au temps.

L'évanescence en radiesthésie

L'évanescence est une autre caractéristique de la radiesthésie. Il s'agit d'un véritable « blocage » qui survient lors d'une recherche : le pendule *ne veut rien savoir*, il refuse obstinément de tourner. Vous pouvez poser toutes sortes de questions pour essayer de débloquer la situation et de mettre votre pendule en mouvement, en vain : le pendule reste sourd à toute sollicitation, dans un total mutisme. Ou bien ce phénomène peut survenir en plein travail, par exemple lors de la recherche d'une personne disparue, ou pendant une séance de radiesthésie médicale. Il s'arrête. STOP. Et il est impossible de le faire repartir. Obstiné, le pendule ne bouge plus. Et cela arrive aux radiesthésistes les plus expérimentés !

L'abbé Mermet utilise un autre terme pour caractériser l'évanescence : *fading* (terme anglais signifiant *évanouissement*).

On peut répertorier plusieurs facteurs inducteurs d'évanescence :

- le temps orageux : il est très difficile de travailler en radiesthésie lorsque le temps est orageux. Le plus simple, dans ce cas, est de s'abstenir (tous les radiesthésistes confirmés le savent et ne sortent pas leur pendule lorsque l'orage couve). Il faut rechercher la raison dans le domaine des perturbations électromagnétiques qui surviennent avant un orage ;
- la saturation en ions positifs de la pièce dans laquelle on travaille. Dans ce cas, je vous conseille vivement d'allumer une lampe en cristal de sel capable de diffuser dans la pièce des ions négatifs qui vont neutraliser l'ionisation positive néfaste (lisez à ce sujet le livre de Jean-Paul Jacquemet, *Les Lampes en cristal de sel, vitamines de l'air*[2]) ;
- la propagation d'ondes électromagnétiques qui contrarient les mouvements ondulatoires propres à la radiesthésie.

Pour mémoire (liste qui se trouve dans l'ouvrage sur les lampes en cristal de sel cité *ci-dessus*), voici quels sont les appareils, dans une maison, qui produisent des ondes nocives à la santé et à la qualité du travail du radiesthésiste :

Dans la cuisine :

- réfrigérateur,
- congélateur,
- plaque électrique,
- four électrique,
- cafetière électrique,
- grille-pain électrique,
- ouvre-boîte électrique,
- robot ménager,
- lave-linge,
- sèche-linge,
- fer à repasser,
- aspirateur,
- lave-vaisselle,
- four à micro-ondes.

2 Jean-Paul Jacquemet, *Les Lampes en cristal de sel, vitamines de l'air,* Déliver, 1997.

Dans le séjour :

- télévision,
- magnétoscope,
- console de jeux,
- décodeur,
- démodulateur,
- télécommande,
- chaîne stéréo,
- téléphone,
- répondeur,
- minitel,
- interphone,
- convecteurs électriques,
- appareils de protection antivol à hyperfréquence.

Dans le bureau :

- ordinateur,
- imprimante,
- télécopieur,
- photocopieur,
- « forêt » de câbles reliant les appareils (les câbles émettent un champ électrique, même si l'appareil auquel ils sont reliés ne fonctionne pas).

Dans la salle de bains :

- convecteur électrique,
- rasoir électrique,
- sèche-cheveux électrique,
- brosse à dents électrique.

Dans la chambre des parents :

- lampe de chevet (même éteinte, elle émet un rayonnement),
- radio-réveil,
- pendulette à cristaux liquides,
- télévision.

Dans la chambre des enfants :

- télévision,
- console de jeux,
- ordinateur.

Sur soi :

- téléphone portable.

Loin de nous l'idée de condamner globalement l'électricité, qui a bouleversé positivement notre existence depuis un siècle, ou l'équipement contemporain d'une maison, qui améliore tant nos conditions de vie. Mais une chose est sûre : avant d'entreprendre tout travail en radiesthésie, il faut s'assurer de la *neutralité* électromagnétique optimale de l'environnement de la pièce où on travaille,

- en débranchant un maximum d'appareils ;
- en allumant une lampe en cristal de sel.

Les facteurs d'échec en radiesthésie

Même les radiesthésistes les plus expérimentés, ayant des dizaines d'années de pratique, sont loin de faire en toutes circonstances un *sans-faute*. Le moindre relâchement de l'attention et de la concentration peut avoir des conséquences sur la fiabilité du travail entrepris, quel que soit le domaine d'application. Le débutant est plus vulnérable encore, exposé à toutes sortes de facteurs d'échec dont il n'a pas toujours conscience. Le but de ce chapitre est la sensibilisation à ce sujet.

• Le manque de neutralité

Si le mot « neutralité » apparaît de très nombreuses fois dans le texte de cet ouvrage, c'est pour une bonne raison : la pratique de la radiesthésie implique une neutralité absolue, non négociable. Le radiesthésiste ne doit jamais prendre parti quant au thème de son investigation, même (et surtout) si celui-ci le touche personnellement de près, dans son intimité, dans son entourage familial, professionnel.

J'ai donné un exemple dans un chapitre précédent, avec l'interrogation basique « Fera-t-il beau demain ? ». En aucun cas, mais vraiment aucun, il ne faut mentalement penser, en posant sa question, à la réponse qui nous arrangerait bien venant du pendule (en l'occurrence, pour la question ci-dessus, qu'il fasse beau, le pendule répondant OUI).

Il est très difficile de rester neutre pour un radiesthésiste débutant, mais c'est la condition indispensable, sans laquelle il ne peut y avoir de travail sérieux, crédible, donnant des réponses irréfutables aux questions posées. Faute d'attitude neutre de la personne qui tient le pendule entre le pouce et l'index, la radiesthésie n'a aucun sens.

· Le risque d'autosuggestion

Ce deuxième point est directement lié au premier, tout en faisant intervenir une nuance qui a son importance.

Pour certaines recherches sensibles qui nous concernent directement, l'autosuggestion est un risque dont il faut se prévenir. Prenons un exemple : en observant le comportement de l'un de nos enfants, adolescent en crise, nous avons de bonnes raisons de penser, malgré ses dénégations, qu'il fume du cannabis. Il est alors bien difficile de formuler la question qui nous tient à cœur (« Mon fils fume-t-il du cannabis ? ») puisque notre intime conviction, confortée par sa tendance à dissimuler ses actes depuis peu, est qu'il en fume bien. L'interrogation sera biaisée puisqu'il y a autosuggestion sur la culpabilité de notre fils à transgresser notre modèle éducatif. Étant convaincu que notre fils fume avant même de poser la question, la réponse donnée par le pendule n'aura pas de signification.

Pour en terminer avec notre exemple, la meilleure solution sera de confier le problème à un autre radiesthésiste, non directement concerné par la question à poser, par la personne, par le thème de l'interrogation puisque ce n'est pas son fils. Ce radiesthésiste (ne faisant pas partie de la famille, détaché, objectif) ne sera pas soumis à une quelconque autosuggestion. Sa réponse sera donc à prendre en considération, à l'inverse de la nôtre, potentiellement faussée.

· L'absence de concentration

Quel que soit le domaine d'application de la radiesthésie que nous pratiquons, même le plus futile (par exemple, rechercher les numéros gagnants du Loto), il est fondamental d'être extrêmement concentré. La radiesthésie n'admet pas de *demi-mesures* quant à la concentration. Nous sommes concentrés ou nous ne le sommes pas. Or nous devons l'être, il n'y a aucune alternative à cette obligation.

C'est la raison pour laquelle il est nécessaire de pouvoir s'isoler avant d'entreprendre tout travail. Un radiesthésiste débutant qui voudrait *frimer* devant ses amis en sortant son pendule à la terrasse d'un café, dans *le bruit et la fureur* d'un environnement urbain pollué… n'est pas un radiesthésiste digne de ce nom. Seulement un *frimeur*. La radiesthésie est un art (ou une science, c'est comme on veut, ou les deux à la fois) qui nécessite du sérieux, de la rigueur, de l'application, autant de paramètres nécessaires à la concentration.

Lorsque l'on sort son pendule, il faut faire un travail sur soi pour éliminer toute pensée parasite. Il ne faut penser qu'à ce que l'on fait dans l'instant, à rien d'autre, et faire le vide dans sa tête. Il convient d'être capable de parvenir à un certain détachement intérieur si l'on veut progresser en radiesthésie. Cela implique une certaine discipline de vie. Les radiesthésistes confirmés voulant accéder à des domaines supérieurs touchant aux états de conscience devront pratiquer la méditation.

· La sensibilité aux influences négatives

Tous les radiesthésistes débutants ont un jour ou l'autre connu ce problème et en ont souffert : la méfiance des « autres » (les non-initiés à la radiesthésie), leur incrédulité, pire, leur jugement négatif. Il faut tenir bon dans ce cas et ne pas se laisser influencer par cette hostilité ambiante d'un entourage non objectivement informé et prompt à critiquer ce qu'il ne connaît pas.

Si vous débutez, ayez confiance en vous ! C'est très important. *Le chien aboie, la caravane passe* : laissez dire, ceux qui portent un jugement non objectif sur vous méconnaissent ce qu'est vraiment la radiesthésie. C'est leur problème, pas le vôtre. Ne vous laissez pas abattre par ces influences négatives. Elles ne doivent pas écorner votre conviction. Persévérez.

De la même manière, ne perdez pas confiance lorsque vous échouez. Au début, vous connaîtrez nombre d'échecs, vous le verrez en faisant les tests d'entraînement consécutifs aux exercices d'apprentissage puis à l'établissement de votre convention mentale. Persévérez.

· L'inadaptation physiologique

Pour pratiquer avec succès la radiesthésie, il faut être en bonne forme. Nous savons tous combien le mental et le physique sont indissociables. Or la radiesthésie nécessite une implication mentale forte, ce qui implique un corps en bonne santé. Nous avons l'air d'*enfoncer une porte ouverte* en écrivant cela, mais non, c'est essentiel pour réussir et progresser en radiesthésie.

Les facteurs déstabilisants pouvant nuire à la bonne pratique de la radiesthésie sont :

- le stress, en tout premier lieu, en ce que cet état déstabilise le système endocrinien anormalement sollicité pour réguler les dysfonctionnements qui découlent de cette perturbation. Un radiesthésiste stressé aura beaucoup de mal à faire le vide dans sa tête, à se concentrer ;
- la fatigue sous toutes ses formes ;
- le manque de sommeil ;
- les problèmes digestifs et le ralentissement du transit intestinal (très perturbants en radiesthésie) ;
- l'intoxication par les métaux lourds (nous consacrons un chapitre à ce sujet en annexe, car il est crucial en radiesthésie) ;
- l'inflammation des articulations sollicitées par la tenue du pendule (nous consacrons de même, en annexe, un chapitre à ce sujet concernant le syndrome du canal carpien, qui affecte le poignet, et l'épicondylite, qui touche le coude).

CHAPITRE 2

EXERCICES ET TESTS

| 6 exercices d'apprentissage

Ces 6 exercices sont exclusivement destinés à « prendre en main » le tout premier pendule que vous venez d'acquérir. Ils ne concernent bien évidemment pas les radiesthésistes confirmés, mais les débutants.

Ces exercices d'apprentissage sont destinés à éveiller votre sensibilité de radiesthésiste, à vous montrer que le pendule que vous avez choisi (lui, et pas un autre) va répondre à votre attente en se mettant en mouvement tout seul, dans les 6 cas de figure suivants. Pour réaliser ces exercices, mettez toutes les chances de votre côté.

Procédez seul. Personne ne doit être à votre côté dans la pièce. Le silence est de mise, pas de télé en fond sonore, pas de bruit.

Procédez sur une table nue : aucun objet ne doit figurer sur la table (hors ce livre ouvert successivement aux 6 pages concernées, si nécessaire).

Posez le livre sur une nappe blanche recouvrant la table, à défaut un drap blanc, pas de nappe en couleur ni à motifs (aucune onde de forme ne doit parasiter votre premier contact avec la radiesthésie, les premiers mouvements de votre pendule).

Procédez loin de la digestion du dernier repas que vous venez de faire, afin que votre organisme soit physiologiquement libéré de l'effort que nécessite le catabolisme digestif. Je vous conseille la fin d'après-midi, avant le dîner (le déjeuner étant digéré).

Attention : ces 6 exercices sont préalables, d'une part aux exercices concernant l'établissement de votre convention mentale, d'autre part aux tests d'entraînement (les deux chapitres suivants).

Les 6 exercices doivent être effectués dans l'ordre : de 1 à 6. Avant de commencer, munissez-vous (à portée de main, non sur la table) d'une pile électrique plate et d'un crayon à papier taillé.

· Exercice n° 1

- Ouvrez bien le livre, à plat sur la table, de façon qu'il reste ouvert seul, sans votre aide.
- Positionnez votre pendule, chaînette à 15 cm (nous venons de le voir, la meilleure longueur en votre qualité de débutant) bien au centre de la spirale, à environ 3-4 cm au-dessus (ni plus, pas trop haut, ni moins, pas trop bas).
- Ne pensez à rien. Faites le vide dans votre tête. Ne vous posez mentalement aucune question (le questionnement viendra seulement par la suite, avec les exercices d'établissement de votre convention mentale, puis avec les tests d'entraînement).
- Laissez faire le pendule. Que va-t-il se passer ? Votre pendule va se mettre en mouvement, et tourner tout seul, vers la droite, dans le sens de la spirale.

Comment expliquer ce mouvement ? Le pendule, placé au-dessus d'une certaine forme (spirale tournant vers la droite), a enregistré le sens de cette forme, s'en est imprégné, un peu comme si une onde avait circulé entre la forme tracée sur la page du livre et lui. Ce phénomène ondulatoire a gagné votre cerveau et une fusion s'est opérée entre la forme, le pendule et vous. Le mouvement du pendule vers la droite, dans le sens de la spirale, exprime cette communion. C'est votre premier pas de radiesthésiste.

Bienvenue dans le monde de la radiesthésie ! Votre première émotion passée, lentement, calmement, passez à l'exercice suivant sans brûler les étapes. Un enfant qui vient de naître n'est pas un adulte. Le chemin est long, celui de la croissance, de l'éducation, de la formation. Pour devenir un radiesthésiste accompli, prenez tout le temps nécessaire. Rien ne remplace l'expérience. Encore faut-il l'acquérir progressivement.

· Exercice n° 2

- Laissez une minute ou deux entre les exercices. N'enchaînez pas immédiatement. Rien ne presse. Détendez-vous. Respirez profondément. Conservez toute votre concentration.
- Tournez la page. Une nouvelle figure apparaît. Vous le constatez, il s'agit également d'une spirale, mais en sens inverse de la première.
- Procédez exactement comme pour le premier exercice : pendule centré à 3-4 cm au-dessus de la spirale, chaînette à 15 cm.

L'onde de forme du dessin va gagner le pendule, votre cerveau, votre main, et la magie opère une nouvelle fois : le pendule se met en mouvement, il tourne cette fois vers la gauche, dans le sens inverse du premier exercice, irrésistiblement attiré par la flèche.

Ce n'est pas de la *magie* : c'est tout simplement de la radiesthésie. Votre émotion sera intense, à nouveau, à la vue du pendule qui obéit à cette force mystérieuse échappant à votre entendement. Ne vous posez pas de question. Ne faites qu'observer ce qui se passe sous vos yeux. Ces six exercices constituent votre première leçon de radiesthésie. Vous avez tout à apprendre encore.

Lorsque vous allez faire ces exercices d'apprentissage pour la première fois (les deux premiers que nous venons de voir et les quatre suivants), il est plus que probable que les mouvements de votre pendule auront peu d'amplitude. Celle-ci viendra par la suite, peu à peu, au fur et à mesure de l'expérience acquise.

Ne passez pas au troisième exercice sans avoir réussi les deux premiers. Si vous avez rencontré un échec (si le pendule n'a pas tourné), n'insistez pas le jour même : recommencez le lendemain.

• Exercice n° 3

- Laissez un nouvel espace entre les deux exercices, une à deux minutes de relaxation, de respiration abdominale, en gardant votre concentration (nous ne l'avons pas précisé en préambule, mais était-ce nécessaire, vous aviez bien sûr pris soin de couper le téléphone avant de commencer, le fixe, le mobile).
- Tournez la page. Une figure totalement différente apparaît : il ne s'agit plus maintenant d'une spirale mais de deux droites parallèles horizontales, avec deux flèches de sens opposés.
- Positionnez votre pendule au centre de la figure (toujours à 3-4 cm au-dessus de la feuille, chaînette à 15 cm), entre les deux traits.
- Ce qui doit arriver va vraisemblablement arriver (sinon, recommencez le lendemain, n'insistez pas) : à votre plus grande stupéfaction, le pendule ne va pas tourner (ni vers la droite, ni vers la gauche) mais bouger horizontalement, parallèlement aux deux droites !

Que s'est-il passé ? À forme en spirale, mouvement de rotation du pendule, à forme rectiligne et horizontale, oscillation horizontale du pendule (et non rotation, nous en donnons la définition au chapitre suivant), parallèle aux deux lignes tracées sur la page !

Je sens que vous êtes pris au « jeu » de la radiesthésie. Et pourtant, vous n'êtes qu'au début de vos surprises. Le meilleur reste à venir, vous le pressentez. C'est ce qui vous a incité à acheter un pendule, certainement. L'entrée dans l'univers de la radiesthésie est un parcours initiatique qui mérite d'être vécu.

• Exercice n° 4

- Gardez votre concentration. Respirez. Relaxez-vous. Éliminez vos tensions musculaires, toujours en faisant le vide dans votre tête. Ne cherchez pas à comprendre. Observez seulement. Laissez passer à nouveau une à deux minutes.
- Tournez la page. Cette fois, il s'agit de la figure inverse de la précédente (comme le furent les deux spirales des deux premiers exercices) : deux droites parallèles, dans le sens vertical.

- Toujours pareil : positionnez votre pendule au centre de la figure (à 3-4 cm au-dessus de la feuille, chaînette à 15 cm), entre les deux traits.
- Et ce qui doit arriver arrive (cette fois, vous l'attendez, cela vous apparaît comme inéluctable) : le pendule bouge verticalement, parallèlement aux deux droites.
- L'onde de forme a opéré : à forme rectiligne verticale, oscillation rectiligne verticale du pendule.
- Cette fois, vous allez ajouter un paramètre supplémentaire à ce quatrième exercice. Au bout de quelques instants (après la mise en mouvement) vous allez *mentalement* donner un ordre à votre pendule : « Arrête-toi. »

Et que croyez-vous qu'il va se passer ? Votre pendule va s'arrêter, précisément quand vous allez lui donner l'ordre de le faire. Nous avons précisé *mentalement*. Car entre votre pendule et vous, désormais, les liens intimes qui vont se nouer s'abreuveront aux circonvolutions ondulatoires fécondes de votre cerveau.

• Exercice n° 5

Nous allons maintenant émerger du livre pour continuer l'apprentissage de façon concrète avec les deux objets simples de la vie quotidienne dont nous vous avions dit de vous munir avant de commencer ces exercices : une pile électrique (pour réaliser l'exercice n° 5) puis un crayon à papier (exercice n° 6).

- Toujours après une relaxation musculaire et mentale d'une à deux minutes, saisissez-vous de la pile électrique plate.
- Dégagez légèrement les deux languettes en laiton.
- Saisissez la languette du pôle + de la pile (la plus courte des deux) entre le pouce et l'index de votre main *libre* (celle qui ne tient pas le pendule) et positionnez le pendule à la verticale du pôle + du dessin (toujours pareil : à 3-4 cm, chaînette à 15 cm).
- Constatez vous-même : le pendule entre en mouvement de rotation vers la droite, dite POSITIVE.
- Puis saisissez ensuite la languette du pôle – de la pile (la plus longue) entre le pouce et l'index de votre main libre, et positionnez le pendule à la verticale du pôle – du dessin.

Le pendule va entrer en rotation négative, en sens inverse de l'expérience précédente, vers la gauche. Cet exercice démontre la polarité du mouvement pendulaire dont nous parlerons au chapitre suivant sur la convention mentale. Vous allez en avoir une confirmation avec l'exercice suivant, à l'aide du crayon à papier.

· Exercice n° 6

Nous arrivons au terme de ces six exercices d'apprentissage.

- Laissez à nouveau une à deux minutes d'espace pour vous détendre avant d'entreprendre le dernier de cette série, en gardant encore quelques instants la concentration mentale nécessaire à la réussite de ce premier contact avec votre pendule.
- Prenez le crayon à papier, tenu verticalement par l'index de votre main libre, la pointe vers le haut (mine bien taillée).
- Positionnez votre pendule à la verticale de la pointe du crayon dessiné (toujours à 3-4 cm, chaînette à 15 cm).
- Le pendule va se mettre à tourner vers la droite, rotation positive comparable à celle du pôle + de la pile précédente.
- Faites l'inverse, en tenant le crayon vertical avec l'index de votre main libre, pointe vers le bas cette fois, contre la table.
- Positionnez le pendule à la verticale de l'extrémité opposée à la pointe du crayon sur le dessin.
- Le pendule va tourner vers la gauche, en rotation négative.
- Donnez-lui mentalement l'ordre de s'arrêter. Il va vous obéir. Il va stopper son mouvement de rotation pour revenir à son point de départ, immobile. Vous pouvez souffler. Là se terminent vos six exercices d'apprentissage préliminaires. Il est temps de laisser reposer votre énergie mentale, de ranger votre pendule. Vous avez réussi. Au-delà de vos espérances.
- Recommencez le lendemain, et le surlendemain, et le jour suivant encore... pendant plusieurs jours consécutifs. Avant de passer à votre convention mentale et aux tests.

En répétant de façon appliquée et studieuse, jour après jour, ces 6 exercices d'apprentissage de la radiesthésie, vous allez en quelque sorte « faire vos gammes », à l'instar d'un musicien. Car le pendule est tel un instrument de musique, la radiesthésie tel un art. Et dans les deux cas, avant de devenir un virtuose, il faut faire *sagement* ses gammes. Virtuose, vous allez le devenir. Patience.

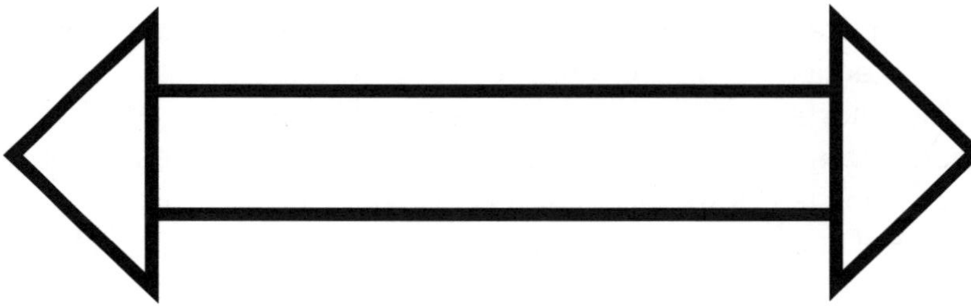

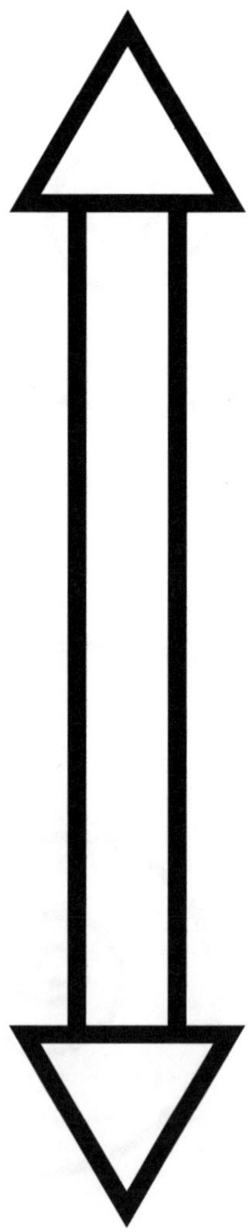

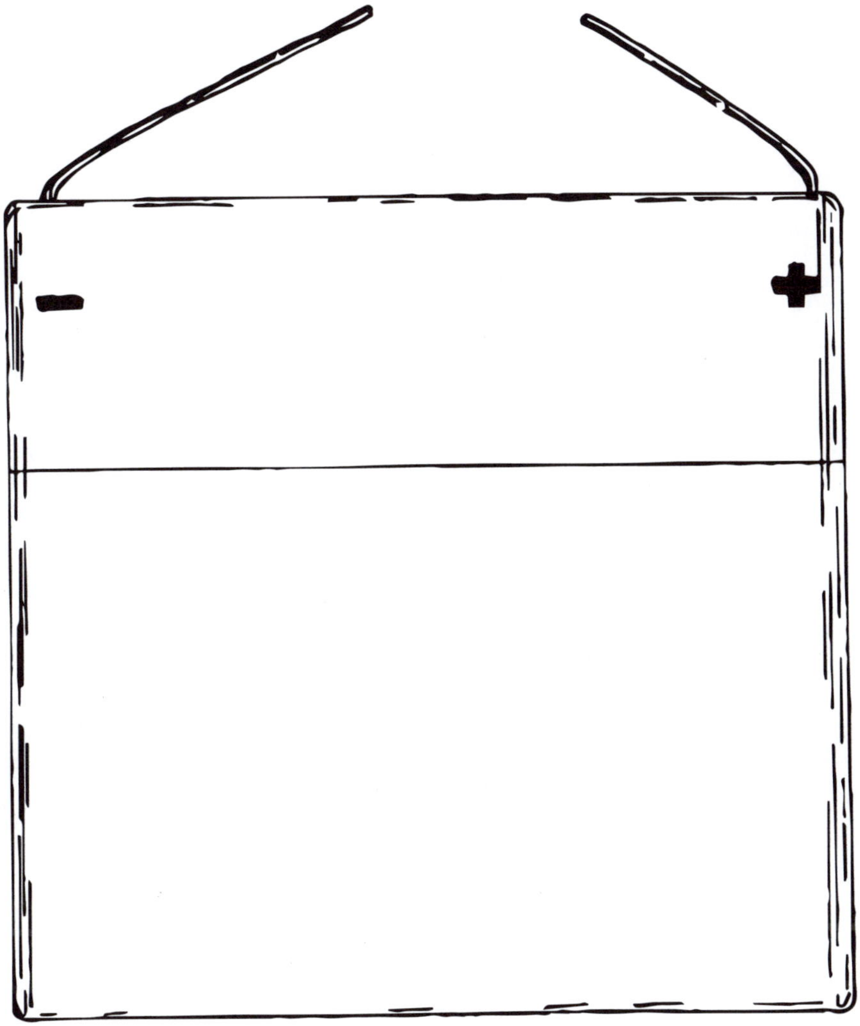

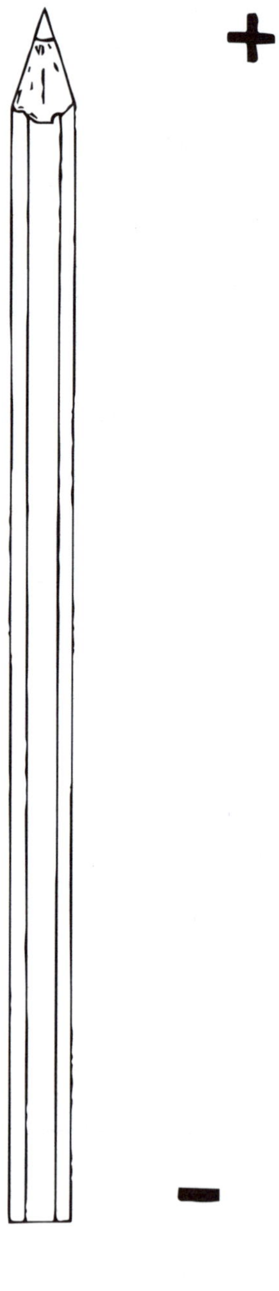

| 6 tests d'entraînement pour débutant

Récapitulons : vous avez acheté un pendule, vous avez procédé aux 6 exercices d'apprentissage destinés à vous familiariser avec la mise en mouvement du pendule, vous avez défini votre convention mentale.

Avant de vous lancer dans le « grand bain » de la radiesthésie et de « voler » de vos propres ailes, je vous propose maintenant d'effectuer 6 tests simples, élémentaires, progressifs (faites-les bien dans l'ordre, de 1 à 6). Pour ces tests comme pour les exercices d'apprentissage, voici les consignes à retenir :

- le débutant que vous êtes travaillera avec une chaînette à 15 cm. Ce n'est qu'ensuite, progressivement, au fur et à mesure de vos progrès, que vous pourrez raccourcir la longueur de la chaînette, mais au début, de grâce, ne le faites pas (on ne le répétera jamais assez : en radiesthésie, il ne faut pas brûler les étapes) ;
- laissez un certain temps entre deux exercices (1 à 2 minutes) en vous relâchant, physiquement et mentalement, tout en restant très concentré sur ce que vous faites ;
- travaillez dans le silence, téléphone coupé, en éliminant de votre environnement tous les phénomènes extérieurs qui pourraient contrarier l'attention que vous portez à ces tests ;
- pour les 3 premiers tests et pour le 6e, vous devez avoir une personne avec vous (parent, enfant, ami) qui prépare les tests.

Pendant la préparation (tests 1, 2, 3 et 6), vous devez vous tenir à l'extérieur de la pièce, et n'entrer qu'à l'invitation de la personne (que nous nommerons « préparateur »), la mise en place terminée.

Pendant que vous réalisez le test lui-même, ce sera l'inverse : le préparateur se tiendra à l'extérieur de la pièce pour ne pas troubler votre concentration, et pour ne pas vous guider inconsciemment (connaissant la réponse avant chaque opération, à l'inverse de vous).

N'entreprenez pas ces tests :

- si vous êtes fatigué,
- si vous avez mal à la tête,
- si vous êtes anxieux.

Vous trouverez ci-après l'enchaînement des 6 tests d'apprentissage.

• Test n° 1 : le verre d'eau (I)

Le préparateur prend deux verres. Il remplit aux trois quarts l'un de ces verres d'eau.

Il recouvre chaque verre d'un mouchoir jetable blanc, de façon que vous ne puissiez pas voir quel est le verre vide et quel est le verre qui contient de l'eau. Le but est de trouver quel est le verre qui contient de l'eau en appliquant votre convention mentale.

Vous positionnez votre pendule à la verticale de l'un des verres (espacés d'une vingtaine de centimètres sur la table recouverte d'une nappe blanche, comme pour les exercices préliminaires).

Vous posez la question : « Ce verre contient-il de l'eau ? »

L'alternative est simple :
– soit le pendule tourne vers la droite, ce qui signifie, selon votre convention mentale, que la réponse est OUI ;
– soit il tourne vers la gauche, ce qui signifie : NON.

Si le pendule vous répond OUI, enlevez le mouchoir et vérifiez que c'est bien le verre plein. Dans l'affirmative, votre test a réussi. Dans la négative, si vous découvrez un verre vide alors que votre pendule a répondu OUI à la question « ce verre contient-il de l'eau », vous avez échoué. N'allez pas plus loin dans la série de vos tests. C'est terminé pour ce jour-là. Vous recommencerez le lendemain (reportez-vous au chapitre sur les échecs).

Si le pendule vous répond NON, positionnez-le à la verticale de l'autre verre, et posez la même question : « Ce verre contient-il de l'eau ? » En toute logique, puisqu'il a répondu NON pour l'autre verre, il doit répondre OUI pour celui-ci. Enlevez le mouchoir et vérifiez. Si c'est bien le verre qui contient de l'eau, votre test est réussi. Dans le cas contraire, si ce verre est vide, n'insistez pas et stoppez votre expérience, vous la reprendrez un autre jour (pas avant le lendemain).

Autre hypothèse, si le pendule répond NON pour le deuxième verre, après avoir répondu NON pour le premier, c'est pire encore, le test a totalement échoué. Ce n'est pas bien grave. *C'est en forgeant qu'on devient forgeron*, et c'est en faisant des tests avec son pendule qu'on devient radiesthésiste.

Si vous avez réussi le premier test, passez au deuxième (et seulement dans ce cas).

· Test n° 2 : l'eau salée

Le préparateur prend deux verres qu'il remplit aux trois quarts d'eau. Dans l'un des verres, il met une petite pincée de sel (pas trop, pour éviter que vous puissiez identifier l'eau salée à son odeur). Il mélange bien de façon que le sel soit entièrement dissous et qu'il n'y ait aucune trace de sel au fond du verre.

Vous positionnez votre pendule à la verticale de l'un des verres.

Vous posez la question : « Cette eau est-elle salée ? »

L'alternative est identique à celle du premier test :
- si le pendule vous répond OUI, vous vérifiez (en buvant une minuscule gorgée) ;
- s'il répond NON, vous passez au deuxième verre, et le pendule doit répondre « OUI » cette fois. Vérifiez.

Dans tous les cas de figure où le pendule donne une réponse contradictoire par rapport à la réalité de la qualité de l'eau (salée ou nature), vous avez échoué, et stoppez là la série de tests. Vous serez parvenu au « deuxième niveau », ce qui n'est déjà pas si mal par rapport à un débutant ayant échoué au premier test (du verre vide et du verre plein).

Le but de cette série progressive de 6 tests est de parvenir, un jour aussi proche que possible (ce que je vous souhaite sincèrement) à enchaîner les 6 tests, successivement, sans faire aucune faute. C'est avec cette méthode que vous allez pouvoir mesurer vos progrès.

Un jour viendra où vous passerez les 6 tests sans connaître l'échec. Ne vous tourmentez pas avec cet objectif, vous l'atteindrez quand vous l'atteindrez. Un pendule ne se laisse pas *apprivoiser* aussi facilement qu'on l'imagine, tel le renard du *Petit Prince*.

Si vous avez réussi le deuxième test, passez au troisième.

· Test n° 3 : l'eau salée & l'eau sucrée

Le préparateur prend trois verres qu'il remplit aux trois quarts d'eau. Il met une pincée de sel dans un verre (et il le dissout bien), une pincée de sucre dans un autre (il le dissout de même : il ne faut voir aucune trace au fond du verre, et comme pour le sel dans le test précédent, il ne faut pas trop sucrer l'eau, pour que son identification ne puisse pas être possible à l'odeur).

Positionnez le pendule sur un verre et posez la question : « Cette eau est-elle salée ? »

- si le pendule répond OUI, mettez le verre de côté en mémorisant que c'est celui qui contient l'eau salée ;
- s'il répond NON, posez la question : « Cette eau est-elle sucrée ? »

Si la réponse est OUI, mettez le verre de côté en mémorisant que c'est celui qui contient l'eau sucrée.

Si la réponse est NON, puisqu'il a déjà répondu NON à l'interrogation concernant le sel, c'est que vous êtes en présence de l'eau nature, et vous mettez le verre de côté.

Vous avez compris le principe. Il s'agit pour vous d'identifier :

- le verre contenant l'eau salée,
- le verre contenant l'eau sucrée,
- le verre contenant l'eau nature.

Faites ce test lentement, méthodiquement, en passant successivement d'un verre à l'autre, en gardant bien en mémoire (au besoin, notez-le sur une feuille de papier) quelle est l'eau salée, quelle est l'eau sucrée, quelle est l'eau nature, en fonction des réponses du pendule aux questions posées à la verticale des trois verres.

Puis, vérifiez si tout concorde (humectez vos lèvres si vous ne voulez pas boire une gorgée de chaque, à cause de l'inconfort gustatif eau salée/eau sucrée). Vous avez réussi : bravo ! Vous pouvez passer au 4e palier. Vous avez échoué : ce n'est pas grave du tout, vous recommencerez un autre jour, et cette fois vous réussirez. *Vingt fois sur le métier remettez votre ouvrage*... N'oubliez pas que vous êtes débutant.

• Test n° 4 : les quatre images

La progressivité des tests continue. Après deux supports expérimentaux (verre vide – verre plein, eau nature – eau salée), puis trois (eau nature – eau salée – eau sucrée), nous passons à quatre, ce qui corse les choses. Désormais, vous n'avez plus besoin qu'une personne prépare vos tests.

Prenez quatre images, n'importe lesquelles pourvu qu'elles soient différentes, sur un même thème : images pour enfants (par exemple, quatre animaux), cartes postales (quatre villes), cartes à jouer (trèfle, pique, carreau, cœur). Prenons le cas où vous avez choisi quatre images dans un jeu d'enfant, avec un chien, un chat, un cheval, un mouton.

- Mettez chaque image dans une enveloppe blanche, non cachetée, de façon que vous ne puissiez pas identifier à travers l'enveloppe l'animal de l'image. En fermant les yeux, mélangez bien les enveloppes sur la table.
- À la verticale de la première enveloppe, posez la question : « Le chien est-il dans cette enveloppe ? »

  - si le pendule répond OUI, procédez comme pour le test précédent : mise de côté de l'enveloppe, en notant son contenu, puis passez à l'enveloppe suivante, et ainsi de suite, jusqu'à ce que vous ayez identifié le contenu des quatre enveloppes en fonction des réponses de votre pendule aux questions successives posées.

  - s'il répond NON, posez la question : « Le chat est-il dans cette enveloppe ? » Dans la négative : « Le cheval est-il dans cette enveloppe ? » Et dans la négative encore : « Le mouton est-il dans cette enveloppe ? » En agissant lentement, méthodiquement, calmement, vous identifiez les quatre images.

Si vous avez réussi (vous progressez : félicitations), passez au 5e test. Sinon, c'est toujours le même conseil, arrêtez-vous, n'insistez pas. En cas d'échec, ne refaites pas deux fois le même test consécutivement, car vous devez faire un « sans-faute » pour avoir le droit de continuer la batterie de tests qui est de difficulté progressive.

· Test n° 5 : les cinq voyelles

Pour ce test, munissez-vous de cinq pièces de *Scrabble* (si vous avez ce jeu, ce qui est généralement le cas), les cinq voyelles : A, E, I, O, U. À défaut, écrivez sur cinq feuilles de papier, avec un feutre suffisamment épais, ces mêmes cinq voyelles, et placez une feuille par enveloppe, selon le même principe que pour les images précédentes. Disposez les lettres sur la table, retournées, en fermant les yeux pour bien les mélanger et ne pas mémoriser que telle pièce est telle voyelle.

Et suivez la même méthodologie, pour les cinq voyelles, que celle mise en œuvre dans les tests précédents. La difficulté à identifier les voyelles est plus grande, c'est tout, puisque cette fois il y a cinq objets au lieu de deux, puis de trois, puis de quatre.

Posez la bonne question (avec rigueur, dans l'ordre alphabétique) : « Cette voyelle est-elle le A ? » et ainsi de suite… Si vous avez réussi ce test, vous pouvez alors vous mesurer au dernier de cette série, qui est de tout autre nature. Si vous avez échoué, retournez à la case « Départ » le lendemain. Vous verrez : vous allez y arriver. C'est une certitude.

· Test n° 6 : le verre d'eau (II)

Nous allons retrouver notre verre d'eau du premier test, mais les choses vont se compliquer sérieusement cette fois !

- Prenez un verre d'eau (cette fois à demi plein) dans lequel vous versez le jus d'un demi-citron pressé. Trempez l'index de votre main libre (celle qui ne tient pas le pendule) dans le verre, de façon que le liquide laisse une empreinte sur votre doigt, un témoin (en l'occurrence, les molécules aromatiques contenues dans l'huile essentielle qui entre dans la composition du citron).
- Quittez la pièce et demandez au préparateur de cacher le verre dans un meuble, peu importe où, mais à l'abri du regard.
- Entrez, positionnez-vous au centre de la pièce, debout, les deux pieds légèrement écartés, détendu, concentré.
- Tendez votre index imprégné du témoin dans une direction, bras tendu.
- Posez la question : « Le verre d'eau citronnée est-il dans cette direction ? »

  - si le pendule vous répond NON, pivotez légèrement sur vous-même, et pointez à nouveau votre index témoin droit devant vous en reposant la même question…
  - … jusqu'à ce que votre pendule, selon votre convention mentale, entre en rotation positive et vous dise OUI.
- Vérifiez alors dans la direction indiquée par votre index que le verre contenant l'eau citronnée est bien là où vous attendez qu'il se trouve, puisque votre pendule a *parlé*.

C'est exactement de cela qu'il s'agit : un dialogue entre votre pendule et vous. Vous lui posez des questions. Il répond. À sa manière. J'imagine l'émotion que vous allez ressentir lorsque pour la première fois vous serez allé au terme de ces 6 tests d'entraînement sans faire de faute, sans connaître un seul échec. L'horizon se dégage soudain devant vous. Les perspectives de la radiesthésie vous apparaissent plus que jamais sans limites.

Par contre, si vous avez beaucoup de mal à progresser et que de nombreux échecs accidentent les tests que vous entreprenez en vain jour après jour, c'est qu'il y a certainement une (ou plusieurs) raison(s). Reportez-vous au chapitre traitant de ce sujet (les échecs) pour améliorer votre pourcentage de réussite.

CHAPITRE 3

QUELQUES APPLICATIONS PRATIQUES DE LA RADIESTHÉSIE

Recherche d'un objet disparu

▪ 1er exemple

Le matin avant de partir au travail, vous ne retrouvez pas vos clefs de voiture. La méthode de recherche est élémentaire :

- Allez au centre de la salle de séjour. Tenez-vous debout, droit, le bras de votre main libre tendu devant vous, horizontal, index pointé.
- Posez la question : « Mes clefs sont-elles dans cette direction ? »
- En cas de réponse négative (ce qui sera vraisemblablement le cas, car il serait tout à fait incroyable que vous trouviez vos clefs du premier coup), vous pivotez très légèrement vers la droite, toujours bras tendu, index pointé, et reposez la même question. Et ainsi de suite, en pivotant de quelques degrés après chaque réponse négative du pendule.
- Si vous êtes arrivé à votre position de départ en ayant eu une succession de NON, la réponse est sans ambiguïté : vos clefs ne sont pas dans la salle de séjour. Changez alors de pièce, en effectuant la même recherche dans chacune d'entre elles.
- Et vous finissez par retrouver vos clefs (c'est un exemple, mais il est destiné à illustrer concrètement ce sujet)… dans la chambre de votre fils aîné (qui est déjà parti au lycée), dans la poche du pantalon qu'il portait la veille au soir… lorsqu'il a emprunté votre auto pour raccompagner un copain, alors que vous dormiez !

· 2e exemple

Vous rentrez chez vous, en fin d'après-midi, et votre femme, prénommée Isabelle, vous dit : « J'ai perdu ma montre en allant faire les courses au centre commercial. »

La méthode à suivre est alors très différente du 1er exemple :

Demandez-lui de vous énumérer très précisément ce qu'elle a fait, dans l'ordre chronologique.

Admettons que successivement :

- elle ait pris sa voiture garée sur le parking de votre immeuble ;
- elle se soit arrêtée à la station-service faire le plein ;
- elle ait garé sa voiture dans le parking du centre commercial ;
- elle soit allée acheter un magazine chez le buraliste ;
- elle soit allée porter un vêtement au pressing ;
- elle ait bu un café au bar du centre ;
- elle ait fait ses courses au supermarché ;
- elle soit revenue au parking reprendre son auto ;
- elle se soit arrêtée à la boulangerie prendre du pain ;
- elle soit revenue à l'appartement vider le coffre ;
- elle soit repartie au garage porter sa voiture en révision ;
- elle soit rentrée en taxi.

Prenez une feuille de papier blanc (non rayé). En haut de la feuille, tracez une *bulle* (comme celles des bandes dessinées) au feutre noir, dans laquelle vous écrivez : « Montre d'Isabelle. » Tracez autant de « bulles » que de lieux correspondant aux déplacements de votre femme, en reliant les bulles les unes aux autres selon la chronologie, et écrivez à l'intérieur de chaque bulle le lieu correspondant. Les bulles sont donc :

- parking immeuble,
- station-service,
- parking centre commercial,
- buraliste,
- pressing,
- bar,
- supermarché,
- appartement,
- garage,
- taxi.

Procédez ensuite méthodiquement, bulle après bulle, dans l'ordre chronologique, en pointant l'index de votre main libre (celle qui ne tient pas le pendule) sur la feuille de papier, sur le nom du lieu figurant au centre de la bulle. Formulez à chaque fois la question en fonction du lieu correspondant à la bulle au centre de laquelle l'index de votre main libre est pointé. Successivement :

- « La montre d'Isabelle est-elle sur le parking de l'immeuble ? »
- « La montre d'Isabelle est-elle à la station-service ? »

Ainsi de suite, dans l'ordre des bulles (et des lieux où la montre peut se trouver), en nommant précisément à chaque fois le prénom de votre femme : il faut de la précision dans la formulation de la question, ce n'est pas la montre de n'importe qui, mais celle de votre femme, or son prénom est Isabelle.

Et vous finissez par localiser la montre... au garage (c'est un exemple), c'est-à-dire qu'elle se trouve tout simplement dans la voiture de votre femme (qui a dû la perdre en déposant ou enlevant les sacs de courses dans le coffre, ou encore est-elle dans l'habitacle : peu importe, elle est dans la voiture, au garage).

| Recherche d'une personne disparue

Pour le grand public, lorsque l'on évoque la radiesthésie, immédiatement, c'est la recherche de personnes disparues qui vient à l'esprit. Et ce, pour une bonne raison : les journalistes, à la télévision, à la radio, témoignent du concours fréquemment apporté par les radiesthésistes dans le cadre des enquêtes de gendarmerie (à la campagne) ou de police (en milieu urbain). Ce sont d'ailleurs bien souvent les gendarmes et les policiers qui sollicitent eux-mêmes l'aide des radiesthésistes lorsqu'ils sont impuissants dans leurs investigations.

Il existe plusieurs méthodes très différentes les unes des autres pour rechercher une personne disparue avec un pendule. Certaines sont d'une telle complexité et mettent en œuvre tant de compétences qu'elles sont strictement réservées à des radiesthésistes très expérimentés ayant des dizaines d'années de pratique. Dans ce livre d'initiation destiné à ceux qui font leurs premiers pas en radiesthésie, nous avons fait le choix de vous donner une méthode, et une seule, la plus simple d'entre elles, la plus élémentaire.

Avant toute recherche d'une personne, il faut obligatoirement être en possession d'un témoin qui la concerne. Pour mémoire :

- une photo aussi récente que possible, où la personne est seule, de préférence en pied (mais à défaut une photo d'identité montrant le seul visage fera l'affaire, toujours à la condition qu'elle soit récente) ;
- des cheveux prélevés sur sa brosse, à une condition impérative, que la personne en question soit la seule à se servir de cette brosse, sinon ce témoin n'aura aucune valeur puisqu'il risque d'appartenir... à quelqu'un qui n'est pas concerné !
- un vêtement, de préférence un sous-vêtement ayant été au contact direct de la peau ;
- un accessoire : foulard, cravate, gant...

Pour l'exemple que nous allons développer dans les lignes qui suivent (toujours pour les mêmes raisons : donner du « concret » à la pédagogie explicative), nous avons choisi une photo comme témoin, car dans la recherche de personnes disparues c'est, et de loin, le témoin le plus utilisé, celui qui se montre le plus performant.

Avant de commencer la recherche, il faut également vous munir de la cartographie nécessaire.

Les bureaux des radiesthésistes chevronnés possèdent :

- planisphère,
- atlas de géographie,
- cartes routières,
- plans de villes.

Nous allons prendre un exemple. Si nous le personnalisons (comme nous l'avons fait dans les deux cas précédents de recherche d'objets disparus), c'est pour donner du « concret » à la méthode, illustrer celle-ci sans que ce soit « abstrait » comme c'est bien souvent le cas dans des ouvrages de radiesthésie où l'on finit par ne plus rien comprendre tant les explications sont embrouillées.

Voici donc notre scénario purement fictif mais qui « parle », pour illustrer la méthode de recherche que nous vous proposons. Vous habitez Paris, vous avez un fils âgé de 18 ans, appelons-le Bruno, qui est en terminale.

Nous sommes en mai 2004. Vous partez avec votre épouse pour le week-end de l'Ascension, quatre jours à Londres. Votre fils est en pleine révision, son examen approche, c'est parfait, il sera seul pour travailler, il vous a dit qu'il allait « s'enfermer » pendant quatre jours, sans sortir, téléphone décroché (pas la peine de l'appeler). Avant de partir vous avez fait des courses, le frigo est plein. Vous rentrez le dimanche soir. L'appartement est vide. Tout est bien rangé. Bizarre. Aucune vaisselle sale (encore plus bizarre). Vous ouvrez le frigo : il est plein. C'est un signe : votre fils est parti depuis quatre jours. Où peut-il bien être ? Pourquoi a-t-il menti ? Pourquoi n'est-il pas resté dans l'appartement à réviser son examen ?

Votre premier réflexe est de penser qu'il est allé chez son meilleur ami pour réviser avec lui (ils sont dans la même classe). Vous appelez son ami. Il n'est pas là. Il ne l'a pas vu. Il reste muet comme une carpe. Vous ne pouvez rien en tirer.

Vous appelez sa *petite amie*, elle aussi Parisienne. Elle tombe des nues. Elle non plus ne l'a pas vu (elle a respecté son désir de rester seul pendant quatre jours pour réviser, elle ne lui a pas téléphoné non plus).

Vous appelez vos parents respectifs. Il est peut-être allé se faire « dorloter » chez papi et mamie. Là non plus, rien à signaler. Absent.

Pas de panique. Vous téléphonez à tous ses copains et copines que vous connaissez. Nouvel échec. Personne ne l'a vu. Personne ne sait où il est.

L'inquiétude grandit, d'autant plus que le cabinet de toilette de sa chambre est vide : il n'y a pas sa brosse à dents, ni son rasoir, ni son eau de toilette, ni son shampooing... Pas de doute, il a organisé son départ, il n'est pas parti en « coup de vent ». Vous avez confirmation de son départ organisé car il manque des vêtements dans sa penderie ainsi que sa valise.

Il a donc prévu de partir plusieurs jours. Vous appelez votre famille dispersée aux quatre coins de la France, on ne sait jamais. En vain. Vous cherchez partout dans sa chambre, mais il n'a laissé aucun mot pour vous, aucun indice. Vous ouvrez votre messagerie électronique, mais aucun email de votre fils. Vous ouvrez sa messagerie à lui, et ne découvrez rien d'anormal. C'est une énigme. Il n'est pourtant pas nécessaire d'appeler la police car visiblement votre fils a soigneusement prémédité son départ.

Alors vous allez le rechercher avec votre pendule, car vous vous intéressez depuis peu à la radiesthésie. Première des choses, vous prenez la dernière photo que vous avez de lui, qui date des vacances de l'an passé, où il est en maillot de bain, sortant de l'eau en riant (il venait de se faire renverser par une vague).

Dans la recherche d'une personne disparue, il faut procéder par élimination, en allant du plus grand au plus petit. C'est une méthode par concentration, par focalisation. Je m'explique.

Revenons à notre scénario. Aux dernières vacances de Pâques, votre fils a fait un stage d'informatique d'une semaine au Lycée international de Grenoble. Il en est revenu emballé. Surtout à cause des rencontres qu'il a faites à cette occasion. Il ne parle plus que de ça, depuis quelques semaines. C'est donc une piste sérieuse. Il y avait avec lui des jeunes de tous les continents, venus du Canada, du Japon, d'Australie, d'Afrique du Sud. Il en a beaucoup parlé.

Il a très bien pu rejoindre une connaissance faite pendant ce stage, même éloignée, car il donne des cours particuliers de maths, et il a largement de quoi se payer un billet d'avion sur le compte qu'il a ouvert lorsqu'il a eu 18 ans, il y a six mois. Il n'a peur de rien. Il a déjà très souvent pris l'avion avec vous. Il est majeur. Tout est possible. Vous allez donc procéder par élimination pour poser vos questions.

- Vous prenez un planisphère que vous étalez devant vous sur la table, décalé vers la gauche (dans l'hypothèse où vous êtes droitier).
- Vous posez la photo de votre fils devant vous sur la table, décalée vers la droite de façon qu'elle soit dans le prolongement de votre avant-bras droit à l'horizontale.

- Vous positionnez votre pendule à la verticale de la photo, chaînette à 15 cm si vous êtes débutant en radiesthésie (longueur moindre si vous êtes un radiesthésiste plus confirmé).
- Vous pointez l'index de votre main gauche sur le planisphère, au centre des États-Unis.
- Vous posez la question : « Bruno se trouve-t-il sur le continent américain ? »
- En cas de réponse NON, vous pointez votre index sur le cœur de la Chine.
- Vous posez la question : « Bruno se trouve-t-il sur le continent asiatique ? »
- En cas de réponse NON, vous pointez votre index sur le centre de l'Australie.
- Vous posez la question : « Bruno se trouve-t-il en Océanie ? »
- En cas de réponse NON, vous pointez votre index sur le cœur de l'Afrique.
- Vous posez la question : « Bruno se trouve-t-il sur le continent africain ? »
- En cas de réponse NON, en toute logique, il doit donc se trouver en Europe.
- Vous pointez votre index centré sur l'Europe et vous posez la question : « Bruno se trouve-t-il en Europe ? »

Le pendule répond OUI. Il est donc resté en Europe. Vous avez procédé par élimination, c'est exactement la méthode à suivre. Il faut continuer ainsi.

Au stage d'informatique, il y avait des jeunes de tous les pays européens. Votre fils vous a parlé de plusieurs filles qui lui avaient tapé dans l'œil, une Lituanienne, une Ukrainienne, une Italienne, une Autrichienne, une Islandaise, une Slovène... Il a un cœur d'artichaut, et tombe facilement amoureux. Il a pu rejoindre l'une d'entre elles. C'est tout à fait possible.

- Vous étalez devant vous sur la table (décalé vers la gauche) un atlas ouvert sur une carte de l'Europe.
- Vous positionnez votre pendule à la verticale de la photo de votre fils et pointez l'index de votre main gauche sur la Norvège.
- Vous posez la question : « Bruno se trouve-t-il en Norvège ? »

En cas de réponse NON, vous passez successivement d'un pays à l'autre, méthodiquement (du Nord au Sud de l'Europe, d'Est en Ouest), en restant très concentré. Quand vous avez épuisé toutes les possibilités (tous les pays), en toute logique votre fils est resté en France, et à la question de savoir s'il se trouve en France votre pendule tournera dans le sens positif de votre convention mentale et vous dira : OUI.

Peut-être allez-vous objecter à cette méthode par élimination qu'il aurait été plus simple de commencer par là, de demander au pendule si votre fils était en France, cela aurait été plus simple, plus rapide, vous n'auriez pas perdu votre temps. Eh bien non, justement. Un radiesthésiste doit prendre son temps.

La vertu de la méthode par élimination est qu'elle fonctionne comme un « entonnoir ». En procédant de la façon que nous venons d'expliquer, les deux réponses OUI surviennent comme des confirmations des réponses négatives précédentes. Elles *sécurisent* la recherche. Elles permettent d'avancer avec rigueur, de progresser pas à pas.

Il s'agit maintenant de prendre une carte de France par départements. Procédez toujours de la même façon (qu'il est inutile de répéter) et pointez votre index successivement sur chaque département, dans l'ordre de la numérotation, en commençant par le n° 1, nommant à chaque fois le département. « Bruno se trouve-t-il dans l'Ain ? » ? Etc.

Et tout à coup, alors que vous abordez le dernier tiers de la liste, n'ayant reçu jusqu'alors que des réponses négatives, vous obtenez un OUI d'une amplitude sans aucune équivoque au département 73 : « Bruno se trouve-t-il en Savoie ? » OUI.

Vous voilà fixé. Mais que fait-il en Savoie ? Vous n'y connaissez personne, et lui non plus (enfin, c'est ce que vous croyez).

Vous êtes fatigué. Cette recherche vous a épuisé. Vous avez obtenu trois réponses positives, c'est déjà pas mal. Votre fils est en Savoie. Mais vous ne vous sentez pas capable de continuer, il est plus de minuit. Vous décidez de vous coucher. Votre épouse vous y encourage, d'autant plus qu'elle fait remarquer que votre fils a un cours le lendemain matin, un cours de maths, sa matière préférée, qu'il ne manquerait pour rien au monde. Elle en est persuadée, il va rentrer dans la nuit.

Le lundi matin, il faut vous rendre à l'évidence, il n'est pas rentré. Vous appelez le lycée à 8 heures 15. Il n'est pas en cours. Problème.

Vous reprenez la carte des départements, pointez votre index gauche sur le département 73, positionnez votre pendule à la verticale de la photo de votre fils et posez la question : « Bruno se trouve-t-il en Savoie ? » Le pendule se met immédiatement à tourner, et vivement, vers la droite, alors que vous vous êtes concentré pour rester aussi neutre que possible. La réponse est OUI. Il est bien en Savoie.

La matinée se passe. Vous pensez qu'il a pu passer le week-end en Savoie, et qu'il est dans le train, qu'il rentre, qu'il sera là pour déjeuner, et reprendra ses cours au lycée à 14 heures.

À midi : personne. À 14 heures, idem. Et à 18 heures, et à 20 heures. « Il faut faire quelque chose », dit votre femme qui commence à être sérieusement inquiète (vous aussi, mais vous essayez de ne pas le montrer, pour ne pas aggraver son angoisse à elle). Vous décidez de vous rendre en Savoie le mardi matin si votre fils ne rentre pas dans la nuit.

Vous prenez le premier TGV à la gare de Lyon. À 9 heures, vous voilà arrivé à Chambéry. Vous prenez une chambre d'hôtel en face de la gare. À la réception, vous empruntez un plan de la ville et montez dans votre chambre pour vous isoler.

Alors, vous procédez méthodiquement :

Vous trouverez une carte du département de Savoie. Cette carte est quadrillée, ce qui présente l'intérêt de délimiter des zones bien définies au nord, au sud, à l'est, à l'ouest. C'est une aide précieuse en radiesthésie.

Pour la carte de Savoie, le quadrillage est :
- en longitude : N, P, Q, R, S, T, U, V.
- en latitude : 29, 30, 31, 32, 33.

Vous procédez comme précédemment, carte devant vous sur la table, décalée vers la gauche, photo de votre fils devant vous, décalée vers la droite, et positionnez votre pendule à la verticale de la photo, posant la question tout en pointant votre index sur la première zone (en commençant à haut à gauche) : « Bruno se trouve-t-il dans la zone N 29 ? »

En cas de réponse NON, vous poursuivez méthodiquement :
- P 29, Q 29, R 29, S 29, T 29, U 29, V 29.
- N 30, P 30, Q 30…
- N 31, P 31…

Et tout à coup, à la question : « Bruno se trouve-t-il dans la zone Q 33 ? », le pendule s'affole, la réponse est franche, nette : OUI. La zone Q 33 est celle où se situe la préfecture, Chambéry, précisément l'endroit où vous vous trouvez. Vous progressez, cette méthode par élimination est vraiment la bonne.

Chambéry est une ville très étendue et son plan se présente comme suit :

Chambéry Nord-Ouest, avec un quadrillage :
- Longitude : A, B, C, D.
- Latitude : 1, 2, 3, 4, 5, 6.

Chambéry Nord-Est, avec un quadrillage :
- Longitude : E, F, G, H.
- Latitude : 1, 2, 3, 4, 5, 6.

Chambéry Sud-Ouest, avec un quadrillage :
- Longitude : A, B, C, D.
- Latitude : 7, 8, 9, 10, 11, 12.

Chambéry Sud-Est, avec un quadrillage :
- Longitude : E, F, G, H.
- Latitude : 7, 8, 9, 10, 11, 12.

À la question : « Bruno se trouve-t-il dans la zone E 8 ? », tout à coup, la réponse fuse : OUI. Cette zone correspond à la pointe nord du centre-ville. Vous sentez confusément que vous touchez au but. Vous avez presque localisé votre fils. L'étau se resserre, en quelque sorte.

Ce n'est pas le moment de perdre votre sang-froid. Restez calme. Gardez toute votre concentration. Respirez profondément. Faites quelques étirements. Évacuez toutes les pensées parasites de votre esprit. Ne vous laissez pas « auto suggérer » quoi que ce soit.

La carte du centre-ville de Chambéry a un quadrillage :
- Longitude : M, N, O, P.
- Latitude : 1, 2, 3.

Toujours la même méthode, index pointé sur une zone (l'une après l'autre), pendule à la verticale de la photo, interrogation binaire appelant une réponse binaire, OUI ou NON.

Dans la zone N 3, le pendule est affirmatif : OUI. Votre fils est dans la zone N 3 du centre-ville de Chambéry (serait, la nuance est de taille, et le conditionnel mieux approprié, en radiesthésie il convient de faire preuve de modestie, surtout dans la recherche de personnes disparues, si délicate).

Vous examinez les bâtiments spécifiques à cette zone N 3 : la préfecture, la clinique du Chaney, le château des Ducs de Savoie ; le Muséum, le jardin botanique, le groupe scolaire Bellevue.

Vous pointez avec votre index individuellement et successivement tous ces points sur la carte. À l'endroit du Muséum, le pendule n'hésite pas une seconde : OUI. Votre fils est (serait) au Muséum de Chambéry. Mais que peut-il bien faire là, lui qui déteste visiter les musées ?

Cette fois, vous touchez au but. Votre pendule a-t-il dit vrai ? Il n'y a pas une seconde à perdre. Vous sortez de l'hôtel. La station de taxis est devant la gare, juste en face. Vous foncez au Muséum. « Le Muséum est fermé, à cette heure, vous dit le chauffeur de taxi. Il ouvre dans un quart d'heure. » Peu importe, direction Muséum.

En arrivant, de loin, vous apercevez deux personnes qui attendent devant le guichet, assises sur les marches, un couple. Le taxi approche. Votre cœur explose. Votre fils est là, avec une jeune fille. Sur les marches du Muséum de Chambéry, en Savoie ! Merci à la radiesthésie ! Merci à votre pendule !

Retrouvailles. Larmes. Explications. Émotions. Sentiments partagés, l'incompréhension de la fugue, le bonheur de retrouver votre enfant.

(Pour la *petite histoire*, votre fils avait connu cette jeune fille dans une boîte de nuit de Grenoble, pendant son stage. Elle n'était pas étrangère mais *bien de chez nous*, une Savoyarde. Votre fils ne pensait plus qu'à elle depuis des semaines, en secret, ne vous ayant rien dit d'elle, et à la première occasion, profitant de votre absence pour l'Ascension, l'avait rejointe chez elle, à Chambéry, où elle travaille à l'accueil du Muséum.)

Pour conclure ce chapitre, je tiens à dire que la façon imagée et vivante choisie pour illustrer la méthode de recherche d'une personne disparue me semble pertinente, si on la compare à bien des méthodes exposées dans des ouvrages de radiesthésie qui ne font souvent qu'obscurcir les choses au lieu de les clarifier. Transposez cette méthode vous-même en fonction du cas précis auquel vous serez peut-être un jour confronté. Je ne doute pas que vous saurez mettre en pratique le processus que je viens de vous présenter dans le cadre d'un scénario encore une fois purement fictif mais crédible, dans une situation pouvant être vécue. Retenez de ce chapitre la nécessité de procéder par élimination, avec rigueur, de façon « concentrique », visant la cible que vous recherchez, c'est-à-dire la zone où *se trouverait* la personne disparue. L'emploi du conditionnel est souhaitable car la radiesthésie est une école de modestie. Surtout quand on recherche une personne disparue, ce qui n'est pas simple, et n'aboutit pas toujours, malheureusement. Mais c'est là un champ d'application majeur de la radiesthésie.

Fonction du pendule en géobiologie

Dans la partie de cet ouvrage répertoriant les différents pendules, le mot de géobiologie revient souvent.

S'il fallait définir ce terme, je dirais qu'il s'agit de la médecine de l'habitat. Et il est vrai que la radiesthésie rend de multiples services en ce domaine bien particulier. En quête d'un terrain pour construire, ou lors de la visite d'une maison (ou d'un appartement) que l'on veut acquérir, pour détecter les ondes nocives, le pendule est indispensable. Comme il l'est pour rechercher :

- les failles ;
- les eaux souterraines ;
- les lieux de saturation électromagnétique ;
- les réseaux Hartmann.

Certains pendules sont spécifiquement dédiés à la géobiologie, comme le « pendule des Architectes », le bien nommé. Nous allons donner ici quelques notions élémentaires de géobiologie qui vous aideront dans la prise de décision d'acquérir un pendule utile en ce domaine scientifique (car il s'agit bien d'une science). Les architectes de notre époque ne devraient pas ignorer les « lois » de la géobiologie avant d'entreprendre la construction d'une maison.

Raymond Peyré fut le précurseur de la géobiologie. C'est en 1947 qu'il publia son livre *Les Radiations cosmo-telluriques*. Le sous-titre est explicite : « La topographie des radiations cosmo-telluriques sur la planète, et son rapport avec la pathologie humaine ». Pour résumer ce livre *fondateur* :

Les géographes ont imaginé un tracé de différentes lignes pour faciliter le repérage des lieux (nous les évoquons dans le chapitre sur la recherche des personnes disparues) : la latitude et la longitude.

Il y a un cloisonnement correspondant aux forces cosmo-telluriques qui conditionnent notre existence sur le plan vibratoire.

Le globe terrestre est ceinturé dans le sens nord-sud et dans le sens est-ouest par des courants cosmo-telluriques qui sont contrariés aux points précis de leurs croisements.

Ces ondes magnétiques induisent une énergie vibratoire puissante qui agit sur les cellules de l'organisme.

C'est le Suisse Hartmann qui a repris et amplifié les travaux de Peyré pour en faire le fondement de la géobiologie contemporaine, créant le célèbre « réseau Hartmann ». Le réseau Hartmann établit un quadrillage vibratoire régulier, à la surface de la Terre, selon un cloisonnement cosmo-tellurique précis : des lignes de 21 cm d'épaisseur distantes de 2,50 mètres dans le sens est-ouest et de

2 mètres dans le sens nord-sud. Ces lignes forment de véritables murs invisibles qui s'élèvent verticalement et leur substance est une énergie à laquelle l'organisme humain est sensible.

Entre les mailles du quadrillage serré de ce réseau Hartmann, les zones sont neutres, bénéfiques à la santé. Lorsque les lignes du réseau se croisent, aux quatre coins de ces zones neutres, des perturbations cosmo-telluriques influencent négativement les hommes. Ce sont les fameuses « ondes nocives ».

L'Institut européen de recherche en géobiologie, dans sa brochure intitulée « Les rayons telluriques et leur influence sur tout ce qui vit », confirme les travaux d'Hartmann en écrivant : « Dans le quadrillage tellurique de Hartmann, le champ magnétique de la zone neutre est bénéfique à l'homme, alors que celui des croisements, ou nœuds, est agressif pour l'homme, formant un point pathogène. » De plus en plus d'architectes prennent en compte le quadrillage du réseau Hartmann avant d'entreprendre les plans d'une maison neuve.

Mais la géobiologie n'étant pas une science ancienne, la plupart des immeubles et des maisons ont été construits sans tenir compte de ces notions cosmo-telluriques irréfutables. En conséquence, la radiesthésie est infiniment précieuse pour rechercher les perturbations induites par les ondes nocives produites par les croisements des lignes du réseau Hartmann.

Elle est doublement précieuse :

- les pendules récepteurs permettent de localiser les nœuds du réseau Hartmann et toutes les autres causes pathogènes citées plus haut (failles, eaux souterraines, saturation électromagnétique) ;
- les pendules émetteurs permettent de faire les corrections :
  - « nettoyage » des lieux,
  - rééquilibrage des énergies.

Pour terminer cette évocation de la géobiologie, il est un domaine proche où la radiesthésie est également précieuse, celui des nuisances d'ordre occulte dans une maison :

- mémoire des murs,
- envoûtements,
- malédictions.

Nous avons évoqué ce sujet dans le chapitre sur les témoins.

Les radiesthésistes initiés (et eux seulement : débutants, de grâce, abstenez-vous) peuvent procéder avec leur pendule émetteur à des travaux de *purification*. Mais nous sommes là dans un monde vraiment « spécial », celui de l'occultisme, qui dépasse le cadre de notre livre d'initiation à la radiesthésie.

Fonction du pendule dans la pratique du Feng Shui

Nous le voyons dans l'importante partie de cet ouvrage consacrée aux différentes sortes de pendules, la radiesthésie est étroitement associée à la pratique du Feng Shui. Il est souhaitable, en conséquence, pour que vous puissiez vous déterminer quant à l'achat de tel ou tel pendule, de donner ici quelques définitions de base se rapportant au Feng Shui.

Le Feng Shui est un authentique *art de vivre* qui nous vient de Chine, ancré dans plusieurs millénaires de traditions orales et écrites. Feng Shui associe deux mots empruntés à notre *mère nature* :

- le vent (*feng*),
- l'eau (*shui*).

Plus généralement, cette science encore mal connue des Occidentaux exprime la complémentarité entre les forces *cosmiques* qui nous viennent du ciel et les forces *telluriques* émergeant de la terre, lesquelles influent en permanence sur notre comportement.

Le Feng Shui nous aide à maintenir (ou à retrouver) notre équilibre psychosomatique et notre harmonie vitale grâce à l'aménagement parfaitement *codifié* de notre environnement personnel, c'est-à-dire des lieux où nous vivons (maison, bureau, école...). Pratiquer le Feng Shui, c'est aménager nos lieux de vie de façon à optimiser la circulation de l'énergie.

Cela concerne tout ce qui peut rendre l'existence plus agréable dans les domaines :

- de la santé,
- du bien-être,
- du succès,
- de la richesse,
- de la prospérité,
- de l'amour,
- de l'amitié,
- des satisfactions morales...

Le Feng Shui n'est pas une superstition, mais une règle fondée sur les principes, les traditions et les rituels de la philosophie taoïste. Celle-ci est composée d'un ensemble de symboles et de mythes qui peuvent sembler inaccessibles à un esprit rationnel.

Pourtant, la philosophie taoïste constitue une forme de pensée remarquablement évoluée, une théorie parfaite de l'univers dans lequel l'homme est imbriqué et forme un tout. La clé du Feng Shui est le mot « harmonie », car de l'harmonie naît l'unité. Aujourd'hui, en effet, l'homme souffre de son isolement, source de maux aussi bien physiques que psychiques. Or le Feng Shui permet à l'homme de renouer des liens avec son environnement. Pour cela, il doit respecter les lois universelles et l'ordre établi de la nature, donc réaliser l'unité avec tout ce qui l'entoure.

Malheureusement, les architectes et les décorateurs contemporains ne tiennent pas compte de cette unité, et ils créent des maisons et des objets qui ne sont pas conformes au bien-être de l'homme.

Chronologiquement, nous devons nous occuper de notre environnement, puis de notre jardin, puis de notre maison avant de terminer par l'aménagement intérieur de celle-ci. Nous devons d'abord agir sur ce qui est extérieur avant de nous attacher à ce qui est intérieur. Et dans tous les cas, à l'extérieur comme à l'intérieur de notre maison, la radiesthésie a une double fonction :

- dans le diagnostic, grâce aux pendules récepteurs ;
- dans la réharmonisation conforme aux grands principes du Feng Shui, grâce aux pendules émetteurs.

Que ce soit en amont (pendules récepteurs) ou en aval (pendules émetteurs), dans les deux cas, la radiesthésie est omniprésente. Tout a une importance dans le Feng Shui :

- la situation de la maison (urbanisme) ;
- l'aménagement du jardin ;
- les plans de la maison (orientation des pièces) ;
- les matériaux de construction ;
- l'aménagement intérieur ;
- les éléments et les motifs de décoration ;
- les couleurs ;
- les symboles (objets) agissant sur le comportement.

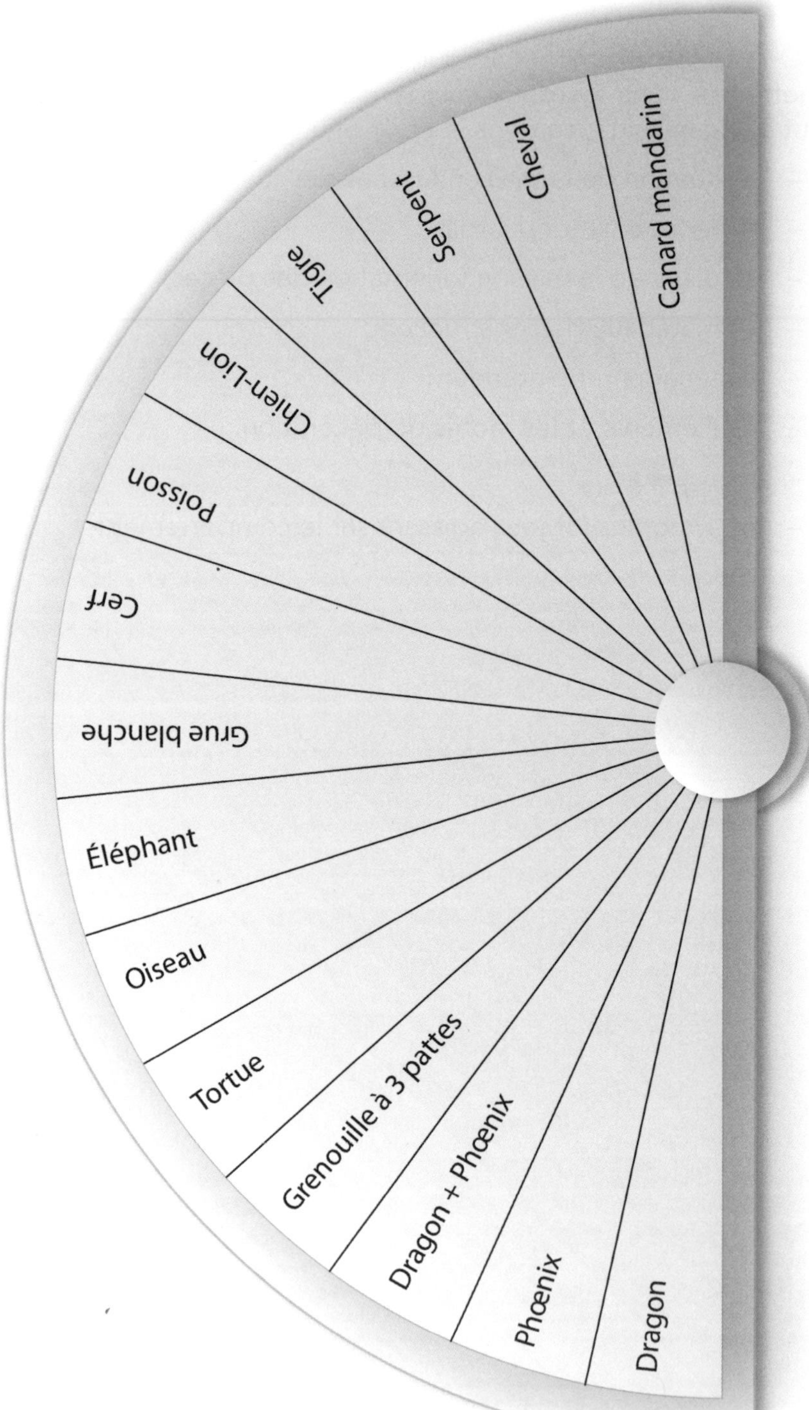
Dragon
Phœnix
Dragon + Phœnix
Grenouille à 3 pattes
Tortue
Oiseau
Éléphant
Grue blanche
Cerf
Poisson
Chien-Lion
Tigre
Serpent
Cheval
Canard mandarin

• Grâce au pendule, recherche d'un animal symbolique favorable

Dragon : force, vitalité, chance.

Phœnix : vertu, paix, prospérité.

Dragon + Phœnix = équilibre yin/yang = couple.

Grenouille à 3 pattes : richesse (entrée, dos à la porte).

Tortue : sécurité, longévité, protection.

Oiseau : bonheur.

Éléphant : sagesse, force, prospérité, puissance.

Grue blanche : fidélité, harmonie familiale.

Cerf (symbole taoïste) : vitalité, prospérité.

Poisson : richesse, abondance, succès (dans l'aquarium, 8 rouges, 1 noir).

Chien-Fu (Chien-Lion) : gardien de la maison (à l'entrée, à l'extérieur, toujours par paire, le dos tourné à la maison).

Tigre : majesté, courage, gardien de la maison.

Serpent : sagesse (au centre de la maison).

Cheval : force, vitesse, position élevée.

Canard mandarin : harmonie du couple (par paire).

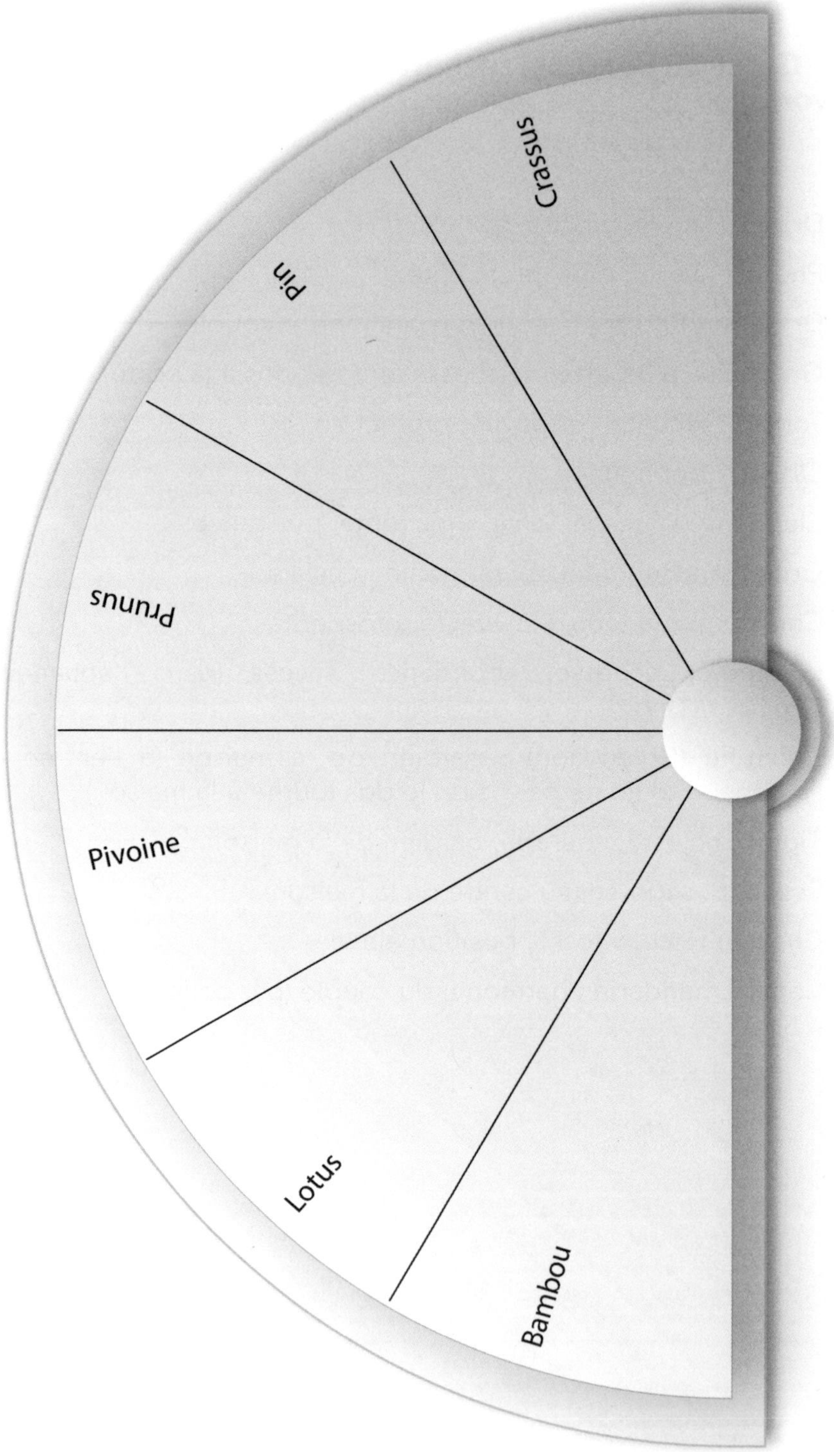
Crassus
Pin
Prunus
Pivoine
Lotus
Bambou

• Grâce au pendule, recherche d'un végétal symbolique favorable

Bambou : force pour surmonter les difficultés, plante idéale pour contrôler le « CHI » (l'énergie cosmique) à l'extérieur.

Lotus : éternité, harmonie yin/yang, persévérance.

Pivoine (fleur royale, très yang) : gloire, richesse, virilité.

Prunus : justice, clarté.

Pin : éternelle jeunesse.

Crassus (famille des cactées) : richesse.

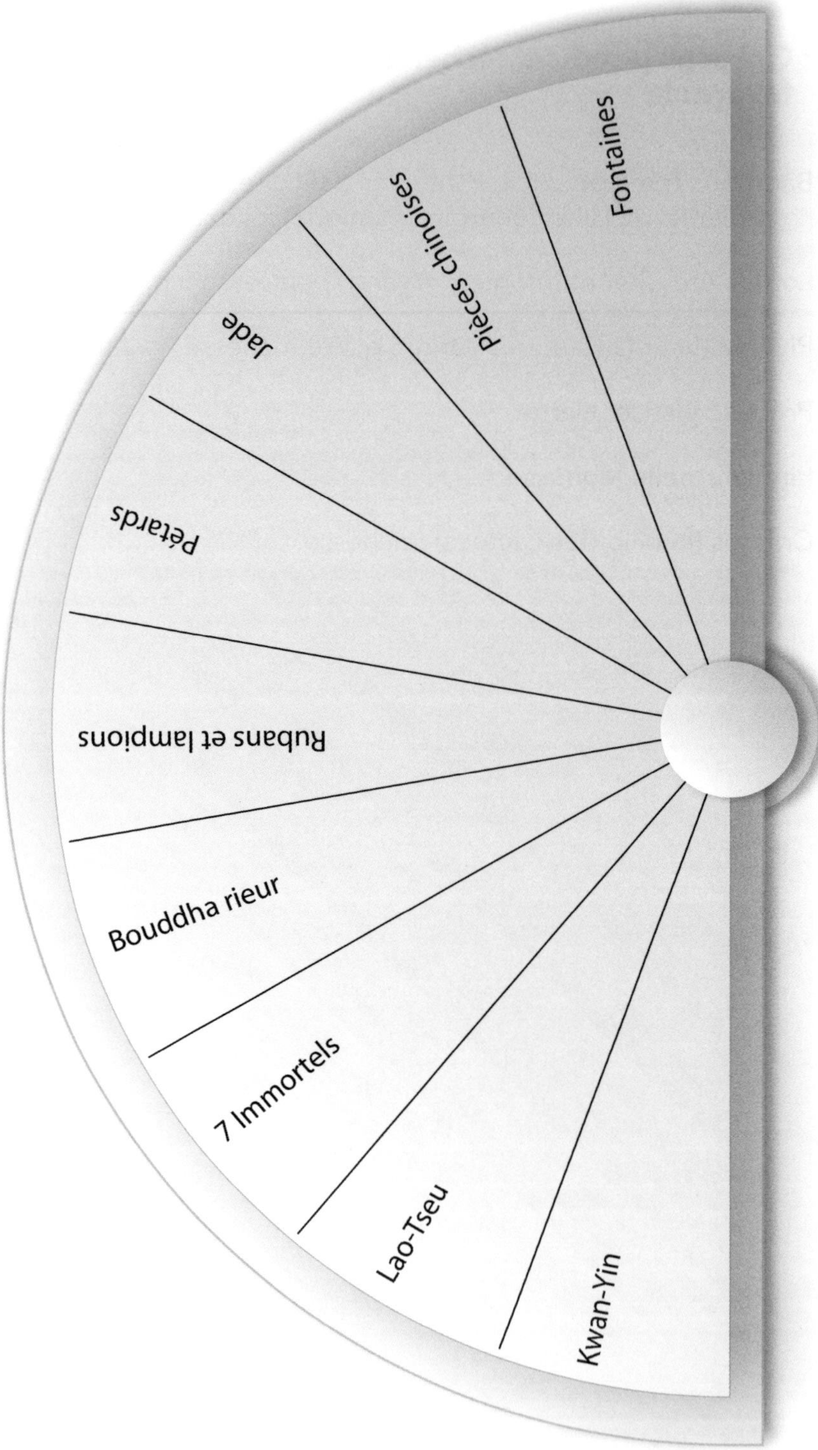
Fontaines
Pièces chinoises
Jade
Pétards
Rubans et lampions
Bouddha rieur
7 Immortels
Lao-Tseu
Kwan-Yin

· Grâce au pendule, recherche d'une représentation symbolique favorable

Kwan-Yin : protection de la femme (identique à la Vierge occidentale).

Lao-Tseu (sage, représenté par un buffle) : intelligence et succès.

7 Immortels (qui ont atteint le plus haut degré de la sagesse) : à poser sur un autel, sans les séparer.

Bouddha rieur : bonheur, joie de vivre, richesse intérieure et matérielle.

Rubans et lampions (au Tibet, porteurs de messages) : joie (à l'extérieur, car le vent véhicule les vœux).

Pétards : chassent les mauvais esprits (pour la nouvelle année, un enterrement, un déménagement).

Jade : protecteur, contre les dangers (à porter sur soi).

Pièces chinoises (reliées entre elles par un ruban rouge) : prospérité (dans l'entrée de la maison, orientées sud-est, ou dans un sac, ou son porte-monnaie).

Fontaines : argent.

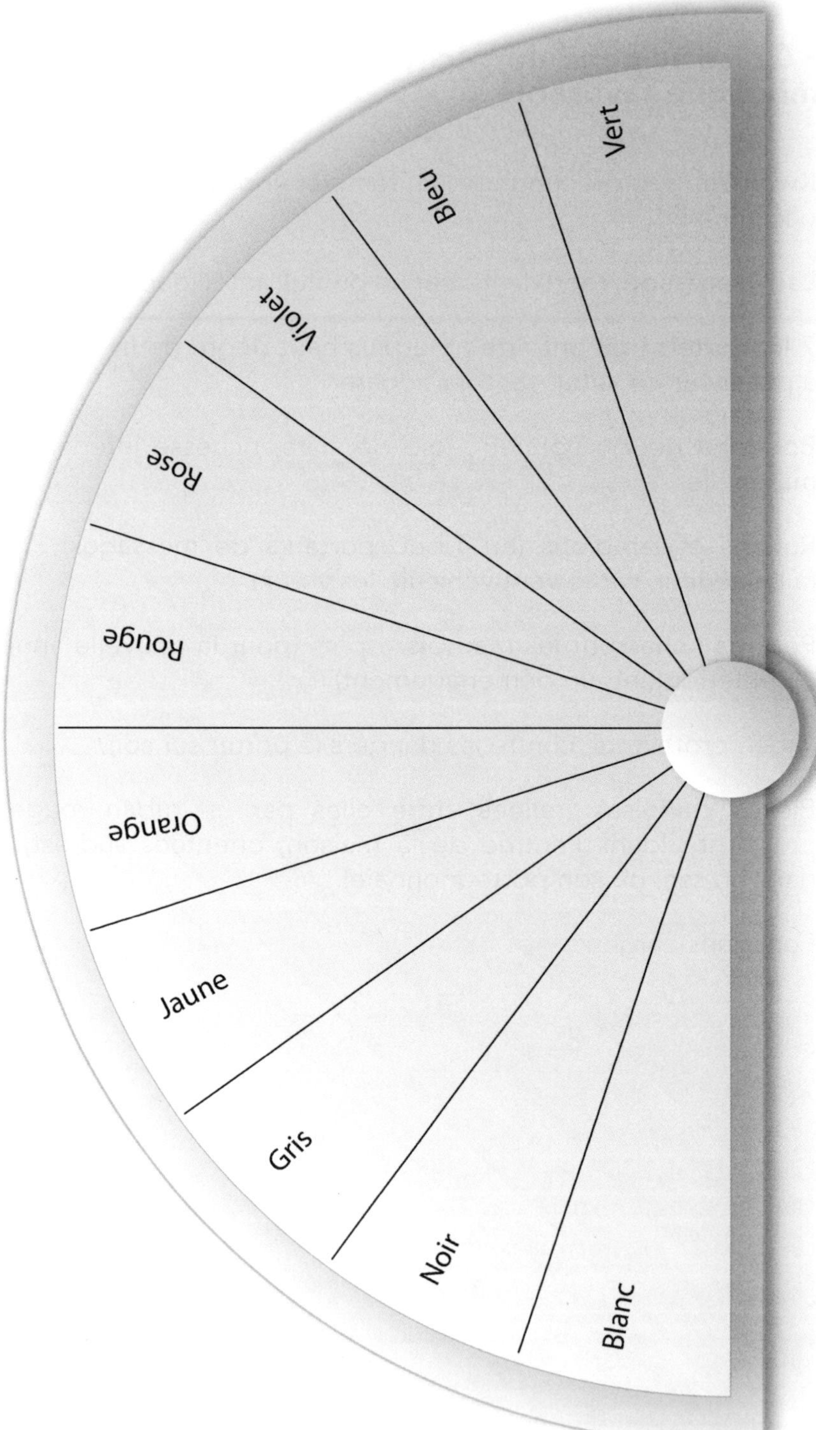
Vert
Bleu
Violet
Rose
Rouge
Orange
Jaune
Gris
Noir
Blanc

• Grâce au pendule, recherche d'une couleur favorable

Blanc (en Chine, couleur de la mort, ouverture à une nouvelle vie) : le karma, la pureté.

Noir (en Occident, couleur de la mort, effacement de la personnalité) : l'angoisse, la solitude.

Gris : le doute (blanc + noir).

Jaune : le dynamisme, l'échange, la communication.

Orange : la joie, la gaieté, l'extériorisation.

Rouge : la passion, l'énergie.

Rose : la tendresse, la sécurité, la protection.

Violet : la paix, la délicatesse, le rêve.

Bleu : l'intuition, la sensibilité, la profondeur.

Vert : la tonicité, la régénération, le calme.

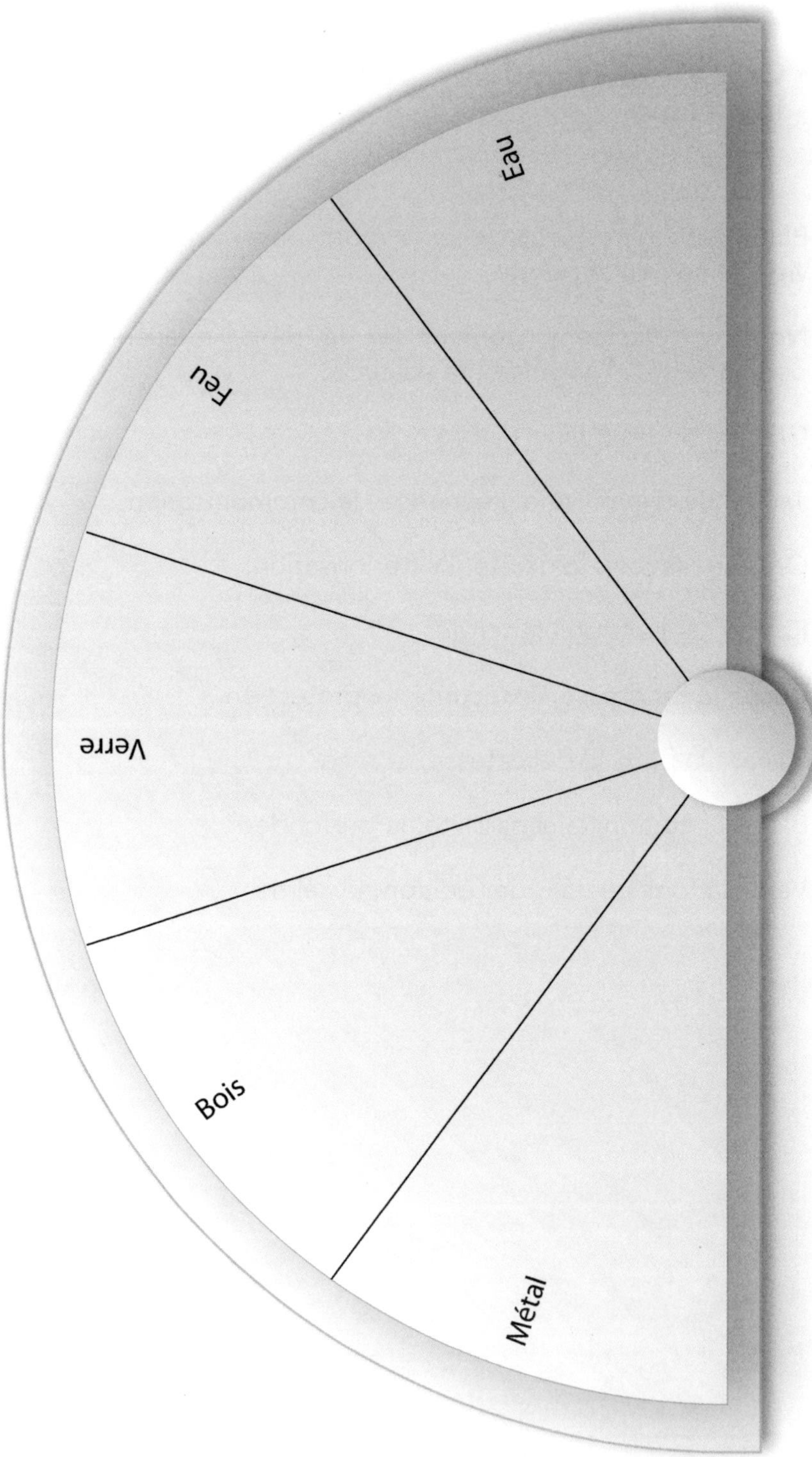
Eau
Feu
Verre
Bois
Métal

· Grâce au pendule, recherche d'un élément favorable

Métal : favorise l'organisation, la structure.

Bois : favorise l'ouverture.

Verre : favorise la stabilité.

Feu : favorise la joie, la communication.

Eau : favorise la souplesse.

• Grâce au pendule, recherche d'un motif favorable (papier peint)

Fleurs : féminité.

Taches floues : dispersion.

Carreaux : rigidité.

Lignes, rayures : envie de bouger.

Formes géométriques : sécurité.

Points : effet hypnotique.

• Grâce au pendule, recherche d'un revêtement de sol favorable

Pierre (yang) : ancrage, sécurité.

Béton, ciment (très yang) : rationalisme.

Carrelage : ancrage, organisation.

Parquet (yin) : attention au sens des flèches.

Vinyles : simplicité, manque d'ambition et d'effort.

Tapis : freine l'énergie vitale.

Tapis sur moquette : besoin de tendresse, de cocon.

Un cadran « vierge » est proposé pour vous permettre de développer vous-même les outils adaptés à vos investigations particulières.

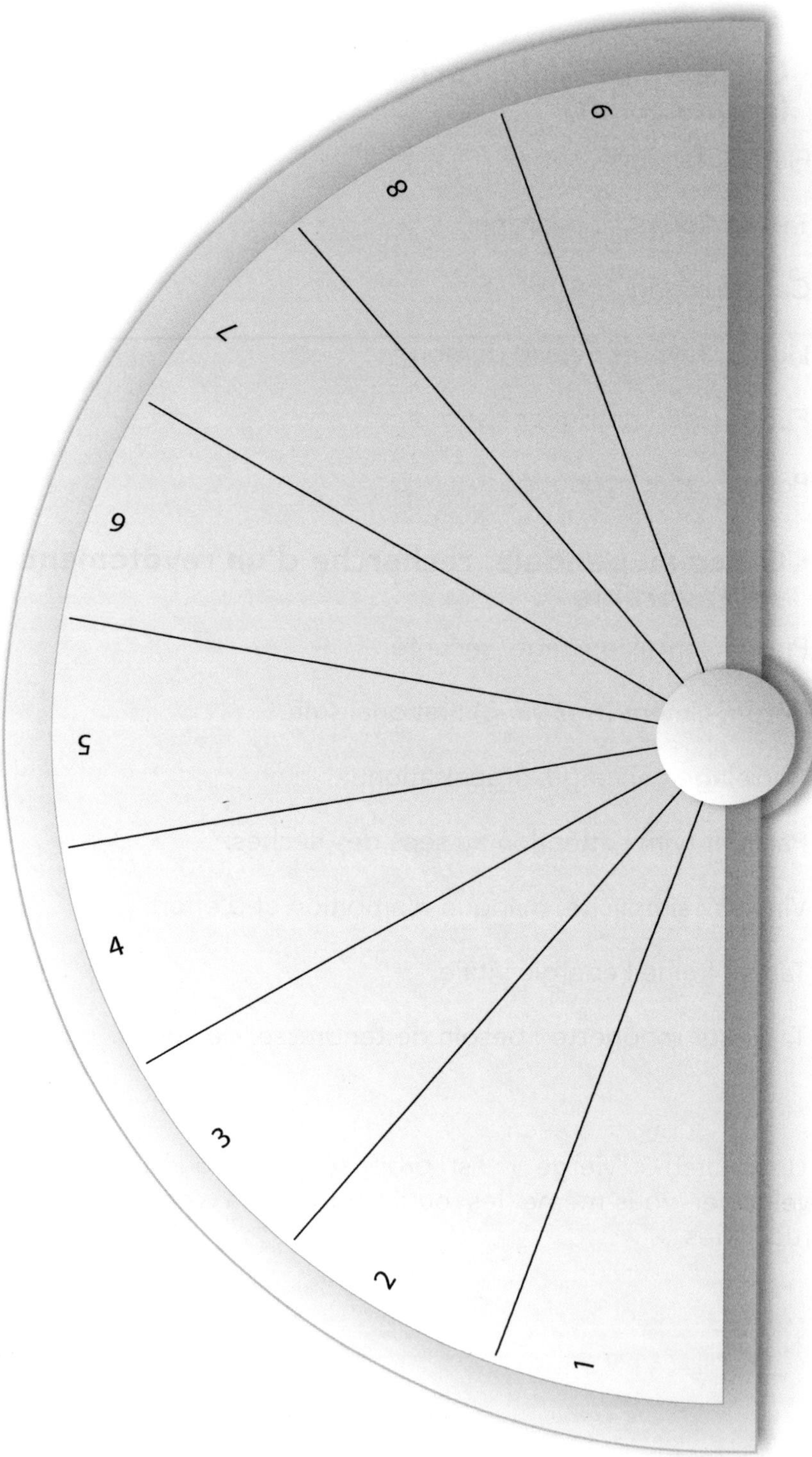
1
2
3
4
5
6
7
8
9

▪ Grâce au pendule, recherche d'un nombre favorable

1 = indépendance et action.

2 = sensibilité et réceptivité.

3 = créativité et communication.

4 = stabilité et construction.

5 = changements et déplacements.

6 = amour et harmonie.

7 = sagesse et profondeur.

8 = matérialité et concrétisation.

9 = humanisme et don de soi.

La radiesthésie médicale

C'est l'application « reine » de la radiesthésie. S'il est un domaine où le pendule est « roi », c'est bien la radiesthésie médicale. Elle est précieuse à double titre :

- dans le *diagnostic* : pour déceler les pathologies (les maladies), l'état général de la personne concernée par la recherche, et ce que l'on appelle en radiesthésie le « taux de vitalité » ;
- dans l'établissement aussi adapté que possible d'un *traitement* correspondant aux affections décelées dans la phase de diagnostic.

Tout travail en radiesthésie médicale se fait donc en deux temps correspondant à ces deux phases successives : diagnostic et traitement. Avant d'aller plus loin, il est utile de préciser que la personne concernée par le travail en radiesthésie médicale peut être :

- soit le radiesthésiste lui-même, bien sûr, pour connaître son état de santé et, au besoin, réguler les dysfonctionnements pathologiques le concernant avec un traitement approprié ;
- soit un membre de sa famille (conjoint, parent, enfant), ou de son entourage personnel, ou encore une personne inconnue de lui avant la consultation (c'est le cas avec les radiesthésistes professionnels, non concernés par cet ouvrage d'initiation, mais ce peut l'être aussi avec un radiesthésiste amateur ayant des notions élémentaires d'anatomie, de physiologie et de médecines douces). Par rigueur déontologique, un radiesthésiste débutant s'abstiendra de pratiquer des consultations médicales de personnes étrangères. Par contre, il peut très bien progresser (avec les planches, les cadrans) en expérimentant les conseils donnés dans ce chapitre, à la fois sur lui-même et sur les membres de sa famille. Il n'y a pas de problème éthique à vouloir appliquer à soi-même, ou à sa famille, la méthode de travail en radiesthésie médicale donnée dans ce livre.

Il y a trois façons de travailler en radiesthésie médicale :

- sur soi-même, et dans ce cas on applique purement et simplement sa convention mentale personnelle, se servant de l'index de sa main libre comme antenne sur les planches et les cadrans ;
- sur une autre personne, et dans ce cas :
  - soit elle est physiquement présente, et on positionne alors le pendule directement à la verticale de son corps (la zone variant selon la nature de la recherche),
  - soit elle est absente, et on positionne alors le pendule à la verticale de son TÉMOIN, qui est obligatoire dans ce cas de figure (le témoin idéal en radiesthésie médicale étant une photographie de la personne sur laquelle on travaille).

Dans ces deux derniers cas (travail sur une personne, présente ou absente), la recherche sur planche et sur cadran se fait également avec l'index de la main libre pointé, servant d'antenne (comme pour le travail sur soi-même).

Ceci étant dit, je vais vous donner maintenant une méthode simple, que vous allez pouvoir appliquer même si vous êtes débutant. On trouve dans certains ouvrages de radiesthésie médicale des méthodes d'une complexité telle que l'on se demande parfois qui peut bien parvenir à les mettre concrètement en pratique... mis à part ceux qui les ont mises au point, généralement pour eux-mêmes, après plusieurs dizaines d'années de pratique. Ces méthodes sont fondées sur des tableaux, règles, planches et cadrans impossibles à lire sans décodeur. Rien de tout cela ici, mais encore une fois une méthode simple, claire, logique, cohérente. Je vous laisse la découvrir maintenant.

· Première phase : le diagnostic

Il est de tradition, en radiesthésie médicale, de faire précéder l'établissement d'un diagnostic par la recherche de ce que l'on appelle le « taux de vitalité ». Les médecins, quant à eux, prescrivent avec raison (bien que certains en abusent, mais c'est un autre débat) toutes sortes d'examens biologiques (analyses) ou radiologiques, afin d'avoir confirmation de leur examen et de leur diagnostic.

Rien de tout cela en radiesthésie. Un radiesthésiste n'est en aucun cas un médecin, il est fondamental de le dire ici avec insistance. Les éléments fournis par le travail en radiesthésie médicale ne sont en rien des actes médicaux, sans amalgame possible, que l'on soit bien d'accord. Les radiesthésistes ne sont pas des médecins, et n'ont pas à se prendre pour des médecins.

Pour en revenir au diagnostic, le radiesthésiste n'ayant pas la possibilité de prescrire des examens biologiques ou radiologiques (ni même celle de prendre la tension : c'est un acte médical déontologiquement interdit à un radiesthésiste), il va rechercher le « taux de vitalité ». Le taux de vitalité d'une personne (ou d'un animal, ou d'une plante : tout organisme vivant) est la mesure de l'énergie circulant en elle. Cette mesure s'exprime en pourcentage. Il s'agit de ce que certains radiesthésistes appellent aussi le « taux vibratoire ». Ce taux de vitalité dépend de multiples paramètres :

- mémoire génétique,
- blocages énergétiques,
- verrous psychologiques,
- carences nutritionnelles,
- intoxication des tissus par les métaux lourds,
- immunodépression de l'organisme,
- chronicité de certaines pathologies négligées,
- hygiène de vie inappropriée (sédentarité...),
- habitudes toxiques (tabac, alcool...),
- perturbations électromagnétiques,
- allergies,
- vie en atmosphère polluée.

Cette liste est loin d'être exhaustive, chacun le comprendra et ajoutera au besoin des éléments dont il a connaissance à son sujet qui sont autant de facteurs négatifs et nocifs sur sa santé, physique et mentale.

Pour calculer le taux de vitalité, il convient de travailler avec un *cadran* gradué de 0 (gauche) à 100 (droite) : on pointe l'index de sa main libre sur l'intérieur du poignet (où se mesure habituellement le pouls) du bras gauche de la personne (si elle est présente), ou à la verticale de sa photo (ou autre témoin d'elle, si elle est absente). On positionne le pendule au centre du cadran, et on amorce une oscillation verticale (le long de la ligne médiane du cadran : 50). Au bout d'un bref instant, le pendule amorce une rotation vers la droite (c'est préférable !) ou vers la gauche (c'est inquiétant). C'est l'ampleur de la rotation qui détermine le taux de vitalité.

La graduation du cadran « parle » :

- au-delà de 70 (rare, seulement chez les jeunes) : excellente santé ;
- 70 : seuil de la bonne santé ;
- entre 60 & 70 : petits problèmes de santé ;
- entre 50 & 60 : attention, mauvaise santé (rechercher la cause) ;
- entre 40 & 50 : alerte, maladie sérieuse déclarée ;
- 40 : seuil de pathologies « lourdes » comme le cancer ;
- en deçà de 40 : graves menaces sur la vie ;
- en deçà de 30 : décès proche ;
- en deçà de 20 : taux affiché par les végétaux en dessiccation.

Si vous êtes débutant en radiesthésie, vérifiez comment fonctionne ce tableau du taux de vitalité et vous serez surpris. Je vous propose de cueillir une fleur et de ramasser une feuille morte. Calculez le taux de vitalité de la fleur et de la feuille morte : c'est impressionnant ! Pour la fleur (végétal en pleine croissance), la rotation du pendule sera d'une belle ampleur vers la droite (au-delà de 70). Pour la feuille morte, la rotation sera en deçà de 20.

Pour établir le diagnostic en radiesthésie, on se sert de planches d'anatomie. Nous vous conseillons l'excellent ouvrage de Jocelyne Fangain, *Planches-Cadrans de Radiesthésie médicale*[3]. Vous pouvez aussi avoir recours à un atlas d'anatomie, et, si vous êtes

3 Jocelyne Fangain, *Planches-Cadrans de Radiesthésie médicale*, Trajectoire, 2017.

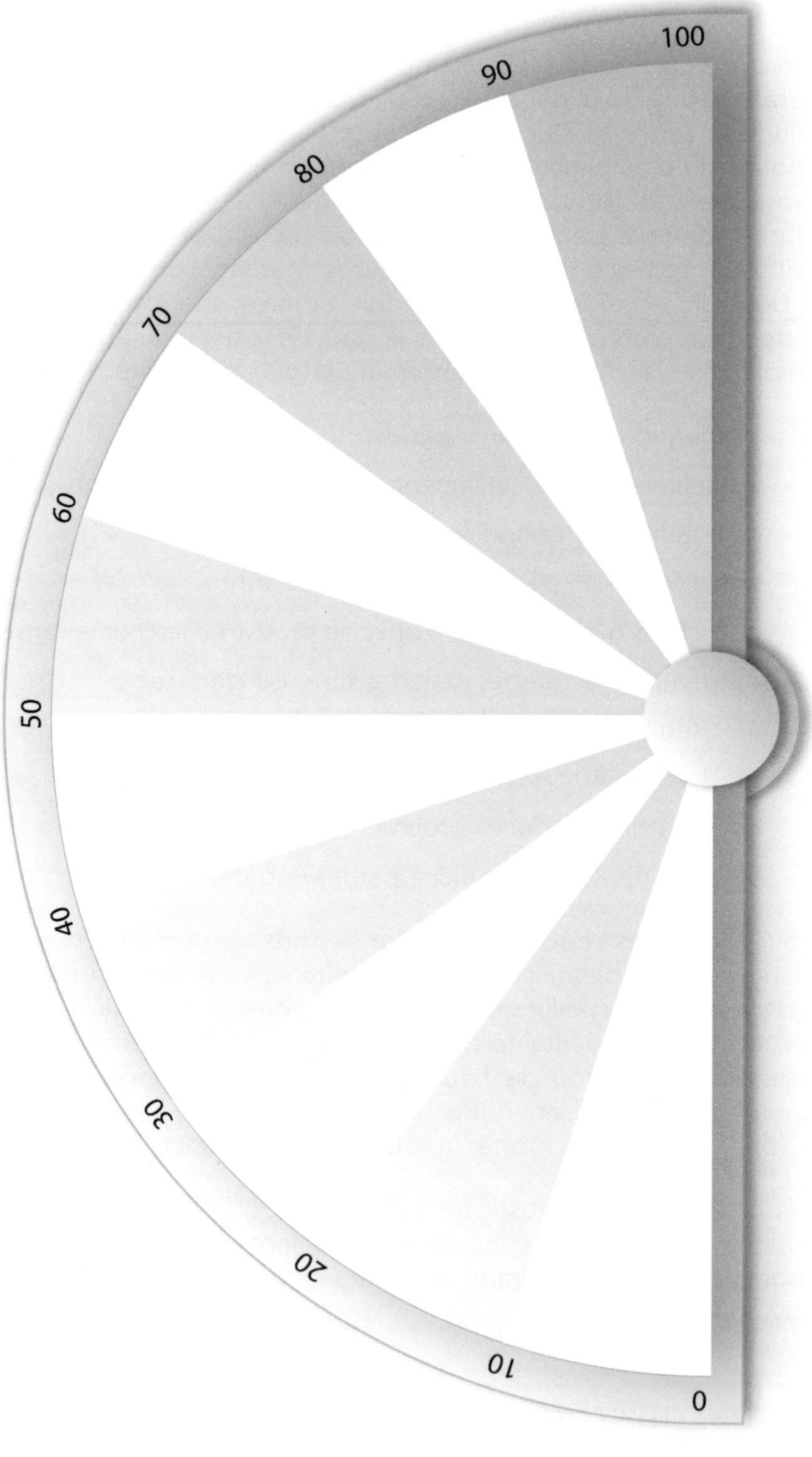
0
10
20
30
40
50
60
70
80
90
100

débutant, une encyclopédie ou même un dictionnaire suffiront (tous ces ouvrages comportent des planches d'anatomie).

Pour rechercher *ce qui ne va pas*, il faut procéder méthodiquement, en appliquant la même méthode que pour la recherche de personnes disparues, à savoir en allant du plus grand au plus petit. Dans le cas de la recherche d'une personne disparue, on part du planisphère pour aller au plan du centre-ville. Dans le cas du diagnostic en radiesthésie, on part de la planche d'anatomie générale pour aller à un organe, et même éventuellement à une partie seulement de cet organe.

On passe ainsi en revue tout d'abord les grands « systèmes », toujours avec la même procédure, index de la main libre pointé sur la planche d'anatomie, pendule à la verticale de l'intérieur du poignet du bras gauche de la personne, si elle est présente, où à la verticale de sa photo si elle est absente (ou de tout autre témoin d'elle) :

- le squelette,
- le système nerveux,
- l'appareil circulatoire,
- l'appareil respiratoire,
- l'appareil digestif,
- les voies urinaires,
- le système endocrinien,
- l'appareil génital,
- la musculature.

Une fois déterminé globalement quel système est défaillant (il peut y en avoir plusieurs, et dans ce cas il faut procéder successivement, toujours avec ordre et méthode), il faut affiner la recherche. En admettant que le dysfonctionnement perçu par le pendule soit unique, et concerne le seul appareil digestif (c'est l'exemple que nous allons prendre), une nouvelle planche d'anatomie est alors nécessaire, concernant le seul appareil digestif.

On recherche alors quelle zone de l'appareil digestif est concernée :

- la bouche,
- l'œsophage,
- l'estomac,
- le foie,
- la vésicule biliaire,
- le pancréas,
- le duodénum,
- l'intestin grêle,
- le côlon.

Admettons (ce n'est toujours qu'un exemple pour illustrer la méthode) que l'organe concerné mis en évidence par le pendule soit le côlon, et qu'à l'interrogation : « Monsieur X (nom de la personne concernée) est-il constipé ? », la réponse du pendule soit « OUI », on va affiner la recherche en recherchant la cause de cette constipation :

- alimentation déséquilibrée : trop de graisses, trop de sucres ;
- nourriture pauvre en fibres (trop peu de fruits, légumes, céréales) ;
- mauvaise hygiène intestinale, souvent par manque de temps ;
- repas pris dans de mauvaises conditions (trop rapides, sans mastication suffisante) ;
- tension nerveuse, surmenage.

Et pour affiner encore davantage la recherche, on va s'interroger sur les manifestations de cette constipation :

- ballonnements ;
- flatulences ;
- éructations, reflux gastro-œsophagien ;
- émission de vents malodorants ;
- réveils difficiles ;
- langue chargée ;
- haleine fétide ;
- teint bilieux, terreux ;
- nausées ;
- somnolence postprandiale ;
- frilosité excessive ;
- irritabilité, instabilité, mauvaise humeur ;
- migraines.

Nous voyons comment il faut procéder : en allant du général au local, en affinant au fur et à mesure la recherche, toujours en recherchant une plus grande précision. Et ce n'est qu'au terme de cette véritable investigation, une fois le diagnostic posé, que l'on aborde la 2e phase de la radiesthésie médicale, celle qui vise à trouver la thérapie la mieux adaptée.

· Deuxième phase : le traitement

Une fois que l'on a cerné le problème, je veux dire que l'on a établi un diagnostic (dans l'exemple choisi précédemment : la constipation), il s'agit maintenant de rechercher le traitement le plus adéquat possible à la régulation du dysfonctionnement révélé par le pendule. Cette application pratique de la radiesthésie est incontestablement un des éléments qui contribuent le plus au succès de cet « art », car en interrogeant minutieusement et successivement différents cadrans, on arrive à établir un protocole idéalement adapté à chaque cas.

La place nous manque, dans cet ouvrage, pour publier la totalité des cadrans utiles à la pratique de la radiesthésie médicale. L'ouvrage de Jocelyne Fangain, *Planches-Cadrans de Radiesthésie médicale*, vous propose plus de 80 planches permettant d'effectuer un véritable « bilan de santé » par radiesthésie. Deux cadrans « vierges » sont également proposés en fin d'ouvrage pour vous permettre de développer vous-même les outils adaptés à vos investigations particulières.

Nous allons donner ici un exemple, dans la continuité du texte de la première partie de ce chapitre. Le pendule ayant *parlé*, en révélant une constipation, voici donc le cadran que je propose pour la constipation. C'est en interrogeant successivement chaque segment de ce cadran que l'on arrive à préciser quel sera le remède le mieux adapté à l'affection à laquelle on est confronté, tant il est vrai que les causes de la constipation sont multiples, et, en conséquence, les plantes ou les nutriments capables de réguler le transit aussi. Le pendule pourra très bien indiquer non pas un mais deux remèdes, ou même trois (rarement plus) parmi les dix proposés par le cadran.

Son de blé
Jus de pruneau
Manne
Graines de lin
Aloe vera
Levure de bière
Bourdaine
Frêne
Mauve
Rhubarbe

À titre d'exemple, donc, voici le cadran « Constipation » :

- son de blé,
- jus de pruneau,
- manne,
- graines de lin,
- aloe vera,
- levure de bière,
- bourdaine,
- frêne,
- mauve,
- rhubarbe.

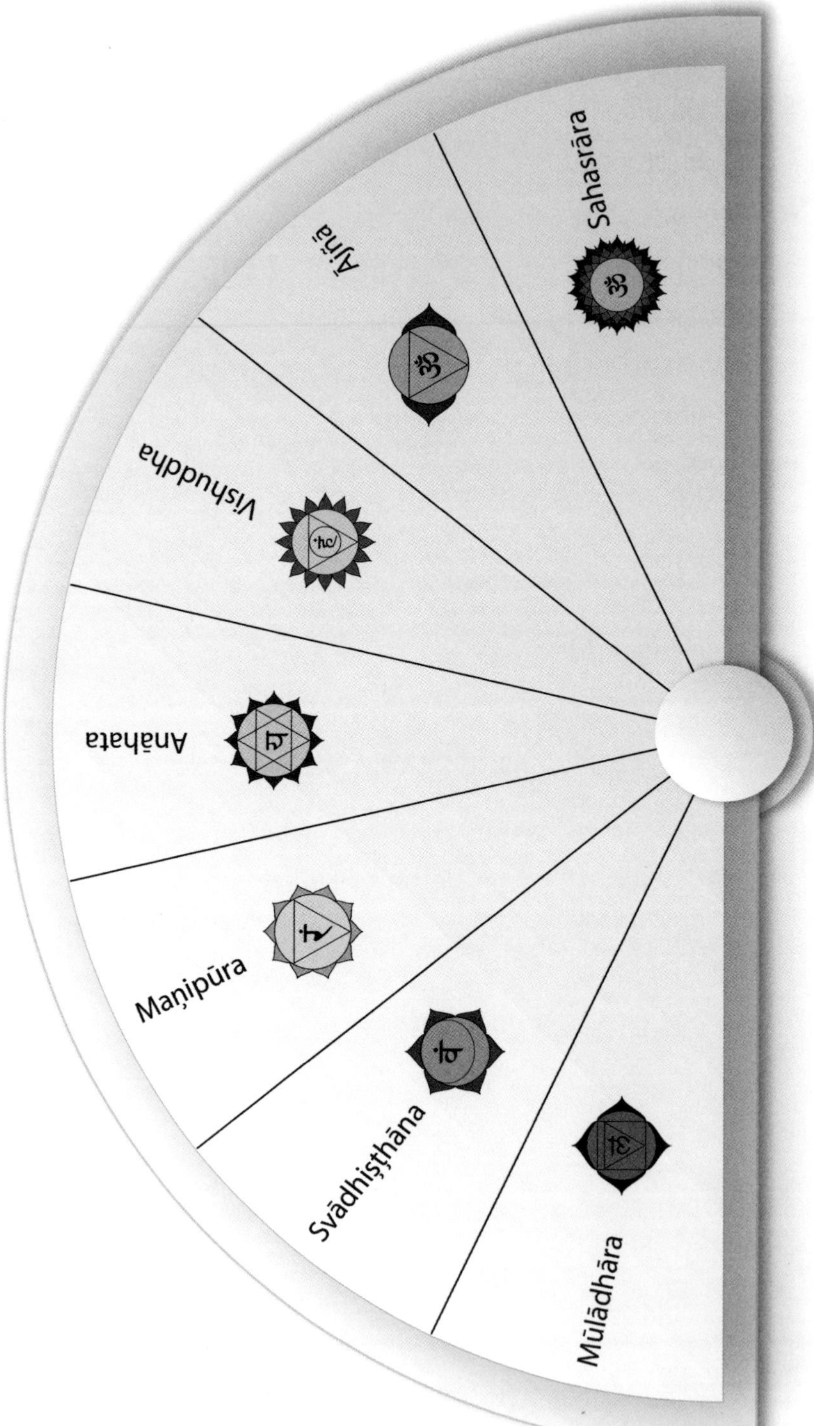
Sahasrāra
Ājñā
Vishuddha
Anāhata
Maṇipūra
Svādhiṣṭhāna
Mūlādhāra

1er chakra	*Racine*	Corail rouge	Fécondité, vitalité, survie
2e chakra	*Sacré*	Jade jaune	Sensualité, plaisir, désir
3e chakra	*Solaire*	Œil-de-tigre	Pouvoir, affirmation, autorité
4e chakra	*Cœur*	Malachite	Amour, élévation, émotion
5e chakra	*Laryngé*	Perle	Créativité, expression, communication
6e chakra	*3e œil*	Lapis-lazuli	Télépathie, facultés extrasensorielles
7e chakra	*Coronal*	Quartz rose	Spiritualité, intelligence, sagesse

· Travail sur les chakras

La principale application de la radiesthésie médicale « active » (= avec un pendule émetteur) est le travail sur les chakras :

– dans un premier temps, afin de déceler précisément où se situent les nœuds qui bloquent la circulation de l'énergie, source de mal-être physique et mental, de dysfonctionnements organiques, de perturbations des émonctoires... sources de pathologies ;

– dans un deuxième temps, afin de *travailler* avec le pendule à la verticale du chakra concerné (dans l'hypothèse où la personne est présente, sinon, de travailler à la verticale de son témoin, de préférence une photographie, en pointant l'index de sa main libre à l'endroit du chakra sur la planche ci-contre). Ce travail permet de débloquer la situation, de dénouer le nœud énergétique, de restaurer la libre circulation de celle-ci à travers le corps, pour irriguer les cellules, revitaliser les tissus, stimuler les organes.

Tous les pendules émetteurs peuvent théoriquement servir au travail sur les chakras (à condition de bien savoir s'en servir), avec une prédilection naturelle et compréhensible pour ceux en minéraux, et parmi eux, au-dessus de tous, les pendules en cristal de roche ou en quartz rose. Reportez-vous au chapitre « Faites votre choix ».

Ce sont les pendules doublement émetteurs (par leur forme et par leur matière) qui sont les plus performants. S'il fallait choisir, le *must* :

- le pendule égyptien en cristal de roche ;
- le pendule égyptien en quartz rose ;
- le pendule 7 chakras ;
- le pendule 7 chakras + boule (pour le travail direct) ;
- le pendule 7 chakras + pointe (pour le travail indirect avec témoin).

Pour une documentation plus complète sur la radiesthésie médicale, voir l'ouvrage de Jocelyne Fangain, *Cours complet de radiesthésie médicale*, Trajectoire, 1996.

CHAPITRE 4
FAITES VOTRE CHOIX

Pendule Boule en buis

Utilisation	Débutant
Catégorie	Récepteur
Matière	Bois : Buis
Forme	Sphérique
Poids	Léger (14 g environ)
Destination	Initiation à la radiesthésie en tous domaines. Formulation de la convention mentale personnelle. Apprentissage sous forme de tests. Premiers travaux simples.

Pendule léger, sensible. Se met rapidement en mouvement, dès la question posée. Effectue des girations amples (ce qui donne confiance aux débutants). C'est le premier pendule à acheter quand on débute.

Sa forme sphérique (purement réceptrice), la noblesse de sa matière (buis), son toucher lisse, sa légèreté, sa sensibilité… autant d'atouts pour découvrir pas à pas comment fonctionne un pendule.

Pendule du Guérisseur

Un des premiers pendules à acquérir pour un radiesthésiste ayant terminé son apprentissage et qui veut accéder aux applications de la radiesthésie médicale.

Utilisation	Débutant en radiesthésie médicale		
Catégorie	Récepteur & émetteur (matière)		
Forme	Conique		
Matières	Quartz	Hématite	Jaspe rouge
Poids	Léger (9 g environ)	Léger (12 g environ)	Léger (9 g environ)
Destination	Radiesthésie médicale *active* : Revitalisation Régénération Réharmonisation	Radiesthésie médicale : Dépuration Drainage Stimulation des émonctoires	Favorise l'enracinement Facilite la concrétisation des projets Stimule l'émergence du potentiel individuel
Commentaires	L'extrême sensibilité de ce pendule très léger en fait un instrument précieux dans tous les travaux minutieux en radiesthésie médicale émettrice, active, principalement *directe* (directement sur la personne, et non avec témoin).	Il exprime une spécificité dans le domaine du drainage des toxines qui encrassent les tissus et des déchets qui asphyxient les cellules.	Il a des applications bien spécifiques que lui confère sa matière ô combien précieuse.

Pendule « Boule »

Comme tous les pendules sphériques en pierre naturelle, c'est le débutant qui fera son choix parmi les minéraux proposés, en fonction de son *feeling* personnel et des indications spécifiques à la pierre. Il existe des pendules « boule » en hématite, jaspe rouge, œil-de-tigre, cristal de roche, quartz rose, labradorite, sodalite, aventurine.

Utilisation	Débutant		
Catégorie	Récepteur & émetteur (matière)		
Forme	Sphérique		
Matières	Hématite	Jaspe rouge	Œil-de-tigre
Poids	Léger (18 g environ)	Léger (19 g environ)	Léger (19 g environ)
Destination	Recherche et régulation des énergies négatives Recherche et régulation des mauvaises ondes	Radiesthésie médicale Stimulation de l'organisme Revitalisation, régénération	Radiesthésie médicale Détection des terrains physiologiques Recharge de l'énergie
Commentaire		Idéal pour faire ses premiers pas.	Permet de se familiariser progressivement avec les planches d'anatomie et les cadrans.

Matières	Cristal de roche	Quartz rose	Labradorite
Poids	Léger (18 g environ)	Léger (18 g environ)	Léger (18 g environ)
Destination	Radiesthésie médicale, harmonisation Purification, clarification du mental, libération des angoisses	Radiesthésie médicale Guérison des blessures affectives Apport de douceur, de sérénité, d'amour	Radiesthésie médicale, acupuncture Travail sur le blocage de l'énergie Stimulation de la vitalité
Commentaire	Le tout premier pendule en cristal de roche à acquérir, pour sa forme sphérique réceptrice, le puissant effet amplificateur de ce Maître cristal permettant de s'initier à la radiesthésie active.	Si le choix ne se porte pas sur le pendule sphérique en cristal de roche, c'est celui-ci qu'il faut acquérir pour faire ses premiers pas en radiesthésie médicale active, émettrice.	Le minéral propre à ce pendule lui confère des fonctions émettrices ayant une double application : sur le trajet des méridiens d'acupuncture et en aplomb des « nœuds » qui perturbent la circulation de l'énergie.

Matières	Sodalite	Aventurine
Poids	Léger (18 g environ)	Léger (18 g environ)
Destination	Radiesthésie médicale Traitement de l'insomnie Régulation du stress	Radiesthésie médicale Stimulation de l'immunité Aide à effacer les cicatrices de l'âme et du cœur
Commentaire	Ce pendule est idéal en radiesthésie médicale pour apaiser les tensions nerveuses et favoriser le sommeil.	Ce pendule a une fonction émettrice subtile dans un double domaine : celui de la capacité d'autoguérison par stimulation des défenses naturelles, et celui du pouvoir de gommer les traumatismes antérieurs.

Pendule « Pointe »

Les pendules « pointe » sont à utiliser au terme de la phase d'initiation, lorsque l'on s'est bien familiarisé avec le maniement du pendule « boule » et que l'on veut entreprendre des recherches nécessitant une plus grande précision (conférée par l'extrémité en pointe).

Utilisation	Débutant, dans un 2e temps
Catégorie	Récepteur & émetteur (matière)
Forme	Sphère + pointe métal
Poids	Moyen (25 g environ)
Matières	Buis (récepteur seulement) Hématite Jaspe rouge Œil-de-tigre Quartz rose Aventurine Labradorite Sodalite

Pendule « Cône »

Ce pendule monté sur Argent et disponible en différentes matières permet une authentique purification des éléments nocifs « polluant » l'organisme.

Utilisation	Débutant	
Catégorie	Récepteur & émetteur (matière)	
Forme	Cône	
Poids	Très léger (14 g environ)	
Originalité	Pendule monté sur Argent	
Matières	Cristal de roche, quartz rose, améthyste	Labradorite
Destination	Radiesthésie médicale Élimination des déchets qui encombrent les tissus Élimination des toxines qui asphyxient les cellules	Radiesthésie médicale Travail sur la mémoire Protection de l'habitat, protection des personnes Ce pendule est parfois porté en pendentif comme talisman protecteur contre l'adversité, les mauvais sorts, la maladie.

Pendule Merkaba

Ce pendule est original par sa forme : deux tétraèdres imbriqués l'un dans l'autre. Cette forme étoilée très particulière symbolise l'union des deux principes : le masculin et le féminin. On le trouve parfois surmonté d'une petite boule et accompagné d'une pointe ou encore cerclé d'argent. Il est disponible en cristal de roche, quartz rose ou améthyste.

Utilisation	Radiesthésiste confirmé
Catégorie	Doublement émetteur (forme, matière)
Forme	Originale
Poids	Très léger (8 g environ)
Matière	Améthyste, cristal de roche
Destination	Retour d'affection Consolidation des couples Travail sur la fidélité

Pendule Architecte

Ce pendule « star » de la radiesthésie est très esthétique, avec les épaulements de sa partie supérieure, l'arrondi de son corps et sa pointe extrêmement effilée. D'une grande sensibilité, son poids élevé permet de l'utiliser en extérieur, car il est insensible au vent.

Utilisation	Initié
Catégorie	Récepteur
Matière	Métal
Forme	Spécifique
Poids	Lourd (77 g)
Destination	Géobiologie, principalement en extérieur – Recherche d'un terrain – Implantation d'une maison Recherche de dysharmonies vibratoires, Feng Shui

Pendule Égyptien

Ce pendule, parfois aussi appelé Thot, est une pure merveille par sa forme, sa matière, sa pureté, son extrême sensibilité, et il permet aux radiesthésistes confirmés de progresser davantage encore dans le domaine du diagnostic médical et du travail subtil concernant la stimulation de l'énergie.

Utilisation	Radiesthésiste confirmé		
Catégorie	Doublement émetteur (forme, matière)		
Forme	Originale		
Poids	Moyen (20 à 25 g environ, selon la matière)		
Matières	Cristal de roche	Quartz	Labradorite
Destination	Radiesthésie médicale, purification Harmonisation, déblocage de l'énergie Revitalisation, régénération	Radiesthésie médicale Guérison des peines de cœur Soulagement des blessures affectives Apaisement des émotions	Absorption des énergies négatives Stimulation des capacités d'autoguérison Effacement des traumatismes antérieurs
Commentaire		Réactif aux blessures de l'âme, prompt à soulager les personnes meurtries par la vie, quelle qu'en soit la raison.	Ce pendule a un pouvoir émetteur puissant en radiesthésie médicale, tant dans les applications du domaine physique que dans celles du mental.

Matières	Aventurine	Sodalite	Hématite
Destination	Épuration des émotions Action calmante, apaisante Travail sur les peurs résiduelles	Radiesthésie médicale Apaisement des personnes nerveuses, stressées Régulation du sommeil	Radiesthésie médicale Purification Dépuration Stimulation de la circulation
Commentaire	Ce pendule a un pouvoir émetteur subtil dans les domaines de l'apaisement des personnes tourmentées, angoissées.	La qualité émettrice de ce pendule dans le domaine du système nerveux lui confère des applications précieuses en radiesthésie médicale.	Ce pendule puissamment émetteur a un usage spécifique en radiesthésie médicale : le drainage des émonctoires (reins, foie, intestins) et l'amélioration de la circulation veineuse de retour.

Matières	Buis	Ébène	bois de Violette
Destination	Radiesthésie médicale, géobiologie, télépathie	Radiesthésie médicale, géobiologie, télépathie	Radiesthésie médicale, télépathie, géobiologie
Commentaire	C'est le premier pendule égyptien qu'un radiesthésiste doit acquérir, son apprentissage terminé, pour s'initier au maniement subtil d'un outil dont la forme émettrice permet de travailler en tous domaines de la radiesthésie allant au-delà de la recherche et du diagnostic.	C'est le caractère affirmé de son bois exotique qui peut inciter un radiesthésiste désireux d'acheter son premier pendule égyptien à choisir celui-ci de préférence à celui en buis.	Troisième alternative, pour le choix d'un pendule égyptien en bois, celui de violette étant d'une noblesse particulière. Les trois pendules égyptiens en bois ont les mêmes utilisations, étant émetteurs par leur forme et non leur matière, or celle-ci est identique pour les trois, seul l'attrait pour l'essence de bois pouvant être un critère de choix.

Pendule Sensor

Les sept épaulements successifs de ce pendule à la forme spécifique en font un puissant émetteur destiné principalement aux travaux bien particuliers du domaine de la télépathie.

Utilisation	Radiesthésiste confirmé
Catégorie	Récepteur extrêmement sensible
Matière	Laiton doré
Forme	Spécifique
Poids	Moyen (33 g environ)
Destination	Télépathie, transmission des pensées à distance Recherche de personnes disparues

Pendule Xéras

Autre pendule destiné à la télépathie, par sa forme originale, pour des travaux nécessitant une connaissance bien particulière de ce *monde*.

Utilisation	Initié
Catégorie	Récepteur très sensible
Matière	Laiton doré
Forme	Allongée, conique, en pointe
Poids	Moyen (20 g)
Destination	Télépathie Travail en association avec boule de cristal, pyramide Captation des ondes négatives Géobiologie

Pendule Kito

Ce pendule, très sensible de par sa forme effilée et parfaitement équilibré, est idéal dans tous les domaines du quotidien. Il détecte la plupart des ondes et peut aussi bien être utilisé en intérieur qu'à l'extérieur.

Utilisation	Débutant, initié ou confirmé
Catégorie	Récepteur
Matière	Métal argenté ou laiton doré
Forme	Profilée, très pointue
Poids	Moyen (20 à 25 g)
Destination	Radiesthésie Recherches précises faisant intervenir plans, cartes, dessins, etc. Géobiologie

Pendule Goutte

Ce pendule exclusivement récepteur est destiné aux débutants, pour leur permettre de se familiariser avec la radiesthésie. Sa forme « en goutte d'eau » (sphère terminée par une pointe) permet une plus grande précision que l'autre pendule *classique* réservé aux débutants, le pendule « boule » en buis. C'est un excellent pendule d'initiation.

Utilisation	Débutant
Catégorie	Récepteur
Matière	Métal doré (existe en métal chromé)
Forme	En goutte d'eau
Poids	Moyen (20 g)
Destination	Apprentissage de la radiesthésie Tests, premiers travaux Premières recherches

Pendule Isis

Ce pendule parfois surnommé « Triangle doré » a une forme destinée à capter les ondes vibratoires des nombres. C'est la raison pour laquelle il est très apprécié des joueurs en général, aussi bien de courses de chevaux que de loteries.

Utilisation	Amateur de jeux de hasard
Catégorie	Récepteur
Matière	Métal doré
Forme	Spécifique, à base conique
Poids	Léger (12 g environ)
Destination	Numérologie Jeux de hasard, courses de chevaux Résiste aux ondes nocives

Pendule Obus

Ce pendule est destiné aux mêmes utilisations que le pendule Isis, mais il fait pratiquement le double de poids, ce qui le destine aux radiesthésistes confirmés puisqu'il réagit de manière bien plus subtile.

Utilisation	Radiesthésiste confirmé
Catégorie	Récepteur
Matière	Métal doré
Forme	Ogive allongée
Poids	Moyen (23 g environ)
Destination	Numérologie Jeux de hasard, courses de chevaux Communication avec l'au-delà

Pendule Oghma

Ce pendule réservé aux initiés est un émetteur remarquable, très apprécié pour tous les travaux à distance se faisant avec un témoin (en particulier une photographie), sur carte, sur plan.

Utilisation	Initié
Catégorie	Émetteur (forme)
Matière	Métal doré
Forme	Spécifique, allongée
Poids	Moyen (46 g environ)
Destination	Télépathie Radionique Travaux à distance

Pendule Alma

Ce pendule est destiné aux travaux en géobiologie préalables à l'achat d'un terrain, d'une maison, d'un appartement. Il capte idéalement les ondes négatives, et aussi les bonnes vibrations.

Utilisation	Radiesthésiste confirmé
Catégorie	Récepteur
Matière	Métal doré
Forme	Spécifique, conique
Poids	Moyen (26 g)
Destination	Géobiologie Recherche des ondes négatives

Pendule Trouvier

Ce pendule à la forme particulière a une polyvalence qui le fait utiliser pour tous les travaux de recherche d'objets perdus et de personnes disparues.

Utilisation	Radiesthésiste confirmé
Catégorie	Récepteur
Matière	Métal doré
Forme	Spécifique, allongée
Poids	Moyen (28 g environ)
Destination	Tous travaux sur plans, cartes, cadrans… Recherche de personnes disparues

Pendule de l'abbé Mermet

Ce pendule très populaire doit son nom au pionnier que fut l'abbé Mermet (1866-1937), qui le mit au point pour faciliter ses travaux de prospection en extérieur, à la recherche de sources (on le surnomma le *Prince des sourciers*) ou de métaux.

C'est le pendule idéal pour travailler à l'extérieur (grâce à son poids) lorsque les recherches se font avec un témoin (que l'on place à l'intérieur du pendule).

Utilisation	Radiesthésiste confirmé
Catégorie	Récepteur & émetteur (avec témoin)
Matière	Métal doré, métal chromé
Forme	Sphère + pointe
Originalité	Le corps se dévisse (pour témoin)
Poids	Lourd (50 g environ)
Destination	Travaux avec témoin : recherche de personnes, objets égarés, trésors Géobiologie : détection de minéraux, sources Radiesthésie médicale

Pendule Toupie

La forme originale de ce pendule le rend d'une extrême sensibilité, capable de détecter les plus infimes vibrations en tous domaines.

Utilisation	Initié
Catégorie	Récepteur
Matière	Métal doré et argenté
Forme	Spécifique
Poids	Très lourd (70 g)
Destination	Télépathie Radiesthésie médicale, travaux sur l'inconscient, recherche de personnes disparues Géobiologie, détection d'ondes nocives Utilisations en extérieur

Pendules des Bâtisseurs

Cet extraordinaire pendule, formé de sept épaulements, a été conçu selon l'enseignement de la Bible de Jérusalem. Il est puissamment émetteur, réservé à des radiesthésistes très expérimentés faisant des travaux approfondis en tous domaines d'application de la radiesthésie.

Utilisation	Radiesthésiste confirmé
Catégorie	Émetteur (forme)
Matière	Métal doré ou argenté
Forme	Spécifique
Poids	Léger (15 g)
Destination	Géobiologie Recherche de maléfices et désenvoûtement Neutralisation des ondes nocives dans l'habitat, régulation des dysharmonies énergétiques Recherche de disparus (objets, animaux, personnes) Radiesthésie médicale

Pendule TUJ

Le pendule TUJ est le pendule de référence quand il s'agit de déterminer les chances aux jeux de hasard.

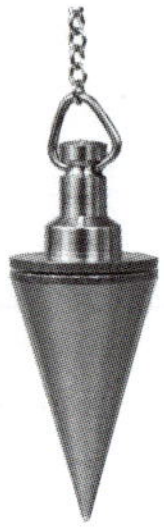

Utilisation	Radiesthésiste débutant et confirmé
Catégorie	Récepteur
Matière	Métal doré
Forme	Conique
Poids	26 g environ
Destination	Jeux de hasard tels que le loto ou le tiercé

Pendule Témoin

Il s'agit d'un pendule d'initiation pour un radiesthésiste qui termine son apprentissage et souhaite travailler désormais avec témoin (les radiesthésistes confirmés utilisent, eux, le pendule *Abbé Mermet*).

Utilisation	Débutant
Catégorie	Récepteur & émetteur (avec témoin)
Matière	Métal
Forme	Sphère + pointe
Originalité	Le corps se dévisse (pour y loger le témoin)
Poids	Léger (16 g environ)
Destination	Recherche d'objets égarés Recherche de personnes disparues Travail en radiesthésie médicale avec témoin

Pendule Spirale

C'est le premier pendule qu'un radiesthésiste débutant doit acquérir lorsqu'il décide, apprentissage terminé, de se « lancer » dans le Feng Shui et la médecine de l'habitat, afin de déceler l'énergie vibratoire des lieux. Sa forme évoque ce que l'on appelle la « spirale d'or ».

Utilisation	Débutant
Catégorie	Doublement émetteur (forme, matière)
Matière	Cuivre ou laiton doré
Forme	Originale
Poids	Léger (12 g) ou moyen (28 g)
Destination	Médecine de l'habitat Feng Shui Travail sur l'énergie vibratoire

Pendule Diamant en cristal

Ce pendule est un grand « classique », à utiliser, lorsqu'on a terminé son initiation, dans tous les domaines de la radiesthésie. Préférer le petit modèle en intérieur et le grand modèle en extérieur.

Utilisation	Radiesthésiste confirmé
Catégorie	Récepteur
Matière	Cristal
Forme	Spécifique
Poids	Deux modèles : 17 g & 25 g
Destination	Radiesthésie Recherche sur les centres énergétiques du corps

Pendule Sphère en cristal

Là encore, il s'agit d'un pendule « généraliste » qui peut être utilisé par les radiesthésistes expérimentés pour tous leurs travaux. Le grand modèle, plus lourd (41 g), est particulièrement indiqué pour la recherche de sources ou de trésors. Préférer le petit modèle en intérieur.

Utilisation	Radiesthésiste confirmé
Catégorie	Récepteur & émetteur (forme)
Matière	Cristal
Forme	Sphérique
Poids	Deux modèles : 14 g, 41 g
Destination	Toutes applications de la radiesthésie Hypnose

Pendule cristal à facettes

C'est un pendule qui a les mêmes utilisations multiples du pendule « Diamant » en cristal, avec peut-être une plus grande précision dans les indications données, nécessitant une meilleure pratique de la radiesthésie.

Utilisation	Radiesthésiste confirmé
Catégorie	Récepteur
Matière	Cristal
Forme	Conique
Poids	Léger (8 g)
Destination	Toutes applications de la radiesthésie

Pendule 7 Chakras

Plusieurs modèles existent de pendules associant les 7 chakras, certains réunissant des pierres représentant les sept couleurs des chakras, d'autres permettant de changer la pierre à l'intérieur d'un logement ajouré.

Voir le chapitre suivant, traitant de ce sujet particulier.

Utilisation	Radiesthésiste confirmé
Catégorie	Récepteur & doublement émetteur (matière, forme)
Matière	Métal + 7 pierres naturelles
Forme	Originale
Poids	Moyen (15 à 20 g)
Destination	Radiesthésie médicale Travail sur les chakras, indifféremment en la présence ou en l'absence de la personne

Pendule Double Goutte en cristal

Ce pendule est d'une grande sensibilité et permet des travaux approfondis aux radiesthésistes confirmés se destinant à la radiesthésie médicale.

Utilisation	Radiesthésiste confirmé
Catégorie	Récepteur et émetteur
Matière	Cristal
Forme	Originale (double goutte)
Poids	Léger : 16 g
Destination	Toutes applications de la radiesthésie médicale

Pendule Cône en cristal

Ce pendule en cristal, qui mesure 13 cm de long, a un poids qui dépasse les 100 g, ce qui est exceptionnel, et explique son utilisation (à la place des baguettes de sourcier) pour la recherche de source, et aussi dans la recherche de trésors.

Utilisation	Radiesthésiste confirmé
Catégorie	Récepteur
Matière	Cristal
Forme	Cône allongé
Poids	Très lourd : 100 g
Destination	Toutes applications de la radiesthésie à l'extérieur

Pour découvrir un plus grand nombre de modèles, reportez-vous à l'ouvrage de Jocelyne Fangain, *Encyclopédie des pendules*, Trajectoire, 2012. Ce livre présente 200 modèles différents et décrit leurs propriétés.

CHAPITRE 5
LITHOTHÉRAPIE RELATIVE À LA RADIESTHÉSIE

Le quartz

Parmi tous les minéraux, le quartz est le plus populaire, le plus utilisé dans les rituels religieux, occultes, magiques... et en radiesthésie. C'est la pierre majeure du *New Age* et de la lithothérapie. Il s'agit tout simplement de silice, SiO2, minéral omniprésent de l'écorce terrestre sous les formes les plus diverses : l'opale, la calcédoine, l'agate, le jaspe, l'onyx, l'héliotrope, la cornaline... et le quartz lui-même, bien sûr.

Le quartz, qui cristallise dans le système rhomboédrique et qui est parmi les minéraux les plus durs (7 dans l'échelle de Mohs), comprend toute une famille de pierres bien différenciées, classées selon leur couleur : le quartz laiteux (blanc), le quartz rose, le quartz citrine (jaune), le quartz fumé (noir) et surtout le quartz le plus célèbre, le sublime cristal de roche, souvent comparé au diamant.

Pour mémoire, il est bon de citer les quartz à inclusion, comme les *cheveux-de-Vénus* aux fines aiguilles de rutile ou les *flèches d'amour* aux fines baguettes de tourmaline, sans oublier les formes cristallisées particulières : le quartz fantôme, le quartz fenêtre, le quartz bipyramidé, le quartz hyacinthe...

Nous nous limiterons ici aux deux qualités précieuses dans lesquelles on confectionne des pendules : le quartz rose et le cristal de roche.

| Le quartz rose

Le quartz rose est une pure merveille. Il est difficile de trouver dans la nature une pierre aussi agréable à contempler, aux douces nuances qui semblent irréelles. C'est un ravissement que de posséder du quartz rose chez soi ou de porter un bijou de quartz rose. Sans parler du plaisir d'utiliser un pendule en quartz rose !

Comme son nom l'indique, il a une couleur qui va du rose le plus pâle au rose le plus franc, avec des nuances laiteuses. C'est la présence de manganèse dans la silice qui explique cette coloration rose.

Le quartz rose est le symbole de l'amour, de la beauté, de la douceur, de la tendresse. Le rayonnement d'une sphère de quartz rose placée dans une salle de séjour apportera la paix, la quiétude, l'harmonie, la sérénité. Dans une chambre d'enfant, ses douces vibrations induiront la sécurité. Elle sera idéale en particulier pour les enfants qui ont du mal à s'endormir ou qui se réveillent en sursaut pendant la nuit en faisant des cauchemars.

Le quartz rose guérit les blessures affectives les plus douloureuses, celles qui ont le plus de mal à cicatriser. Il compense les carences et les traumatismes affectifs subis dans la petite enfance, soulage les peines de cœur. Sa contemplation permet de s'aimer soi-même davantage, de s'accepter tel que l'on est, donnant une image valorisante de soi-même – ce qui sera fort utile aux personnes qui manquent totalement de confiance en elles, qui ne s'aiment pas à leur juste valeur.

| Le cristal de roche

C'est le *Maître cristal* de la lithothérapie, son outil de base, qui peut être utilisé seul ou en association avec toutes les pierres de couleur.

En effet, le cristal de roche a un puissant effet amplificateur qui potentialise les propriétés des pierres de couleur auxquelles on l'associe pour telle ou telle action, parce qu'il est d'une neutralité absolue, étant capable de décomposer la lumière dans toutes les nuances de l'arc-en-ciel.

On en trouve de nombreux gisements dans le monde entier, les plus beaux cristaux venant du Brésil, de Madagascar, de l'Himalaya, de la cordillère des Andes et des Alpes.

Les pouvoirs de ces cristaux de roche sont immenses et multiples. Tout d'abord, il convient de préciser que le mot *cristal* signifiant *glace* en grec, la croyance première fut de prendre le cristal de roche pour de la glace fossile. Les prêtres et les prêtresses de l'Antiquité allumaient la flamme de l'autel avec un cristal de roche (qui a effectivement la capacité de concentrer la lumière du soleil). Le feu allumé ainsi était considéré comme sacré. La lumière concentrée par le cristal de roche était captée par les belles Romaines qui portaient des colliers de cette pierre sacrée afin de donner plus d'éclat à leur beauté. Bien des objets de luxe de cette époque étaient confectionnés en cristal de roche : coupes, vases, tables, mais aussi des tablettes dans lesquelles on faisait graver des textes sacrés.

Chez les Indiens Cherokees, on coupait le cordon ombilical des nouveau-nés avec une lame en cristal de roche, leur pierre fétiche. D'une façon générale, tous les Indiens avaient l'habitude de porter autour du cou ce qu'ils appelaient leur ***sac-médecine*** : l'objet le plus sacré, le plus personnel, le plus secret, le plus mystérieux, le plus important. C'est un authentique rituel pour les Indiens. Ils mettent dans un tout petit sac en cuir quelques minuscules objets connus d'eux seuls : brins d'herbes médicinales, écorces d'arbres, plumes d'oiseau… et pierres, dont presque toujours une turquoise mais toujours, oui toujours, un cristal de roche. Ce sac-médecine les protégeait toute leur vie durant.

Curieusement, à l'autre bout du monde, les Tibétains portent également un sac fétiche personnel, mais à la ceinture, pour leur part. Dans le sac tibétain entrent généralement un petit morceau de papier sur lequel est écrite une prière, et, entre autres objets personnels, là encore secrets et mystérieux… toujours, un cristal de roche. D'ailleurs, dans les temples tibétains, on conserve avec des soins infinis des sphères de cristaux de roche. Les prêtres vont dans l'**Himalaya** en chercher de gros blocs qu'ils taillent, sculptent et polissent jusqu'à obtenir des formes parfaites. On trouve de semblables sphères dans les civilisations précolombiennes d'Amérique centrale et du Sud, Aztèques et Mayas.

Dans toutes les civilisations, les sphères en cristal de roche servent aux devins à prédire l'avenir (ce sont aujourd'hui les *boules de cristal* des voyantes : la tradition se perpétue de génération en génération, depuis toujours). La plupart des gens ne croient pas un seul instant dans les capacités visionnaires des personnes qui consultent ces sphères, et ils s'en moquent. Il y a pourtant incontestablement une explication scientifique au phénomène divinatoire qu'autorise la consultation de telles boules de cristal de roche par des personnes particulièrement réceptives. Quand on fixe une boule pendant un certain temps, des *visions* apparaissent, dit-on. Les choses se passent ainsi : la réflexion de la lumière sur la surface polie de la boule en cristal de roche finit par épuiser le nerf optique de la personne qui se concentre intensément. À ce moment, le nerf optique ne transmet plus aucune image extérieure. La boule finit par disparaître, par s'estomper. Sans stimulus externe sur lequel se fixer, l'œil se met alors à réagir aux stimuli internes émis par la personne qui fixe la boule intensément. Elle ne voit plus ce qui s'offre à son regard : il s'agit alors d'un autre type de perception, apparu en elle, qui se réalise non par l'œil mais par l'esprit.

Au-delà de cette utilisation divinatoire, le cristal de roche est au cœur de bien des rituels religieux et occultes chez les chamans et les prêtres brahmanes, soufis ou lamaïstes, mais ceci dépasse largement le cadre de notre ouvrage (ce thème mériterait un livre à lui tout seul) qui vise à davantage de concret.

Étant l'expression la plus parfaite du monde minéral, le cristal de roche est une pierre fondamentale de la radiesthésie. Les pendules les plus sensibles sont en cristal de roche. Il éclaire notre conscience, agit comme un catalyseur d'énergie, tout à la fois récepteur et émetteur, ce qui est extraordinaire. Sa double qualité réceptrice et émettrice est une autre raison de son succès en radiesthésie. Il a une faculté rare, celle de pouvoir harmoniser, équilibrer. Il permet les subtiles connexions des vibrations profondes. Le cristal de roche clarifie le mental, ordonne les pensées. Il favorise puissamment le développement personnel. Il purifie : il est d'ailleurs le symbole de la Vierge, emblème de pureté, de chasteté, d'innocence, de foi. Le cristal de roche favorise la loyauté, la fidélité, la sagesse. Il libère des mauvais rêves, des mauvaises pensées, des envoûtements.

En lithothérapie, l'élixir de cristal de roche est véritablement un guérisseur universel, une panacée. On trouve nombre d'objets en cristal de roche pour améliorer la qualité de sa vie, à placer dans sa maison ou à porter sur soi. Pour son environnement : les pyramides, les obélisques ou les sphères. Pour soi-même : les cristaux en l'état, les baguettes. Et, bien sûr, un pendule.

L'hématite

À l'âge du fer, au paléolithique, l'hématite était plus précieuse que l'or, plus recherchée pour les propriétés qu'on lui conférait, notamment celle de faciliter la cicatrisation des plaies, des blessures, en appliquant sur celles-ci de la poudre de cette roche bénie entre toutes, donc, par les hommes préhistoriques.

Cet oxyde de fer encore appelé oligiste (hématite rouge) ou limonite (hématite brune) doit effectivement son nom au grec *haema*, qui veut dire « sang », et on appelle d'ailleurs souvent l'hématite la *pierre de sang*. L'hématite n'est pourtant pas rouge à proprement parler, mais plutôt noire, avec un éclat gris acier caractéristique. On l'appelle le *diamant noir*. Pourtant, elle colore l'eau de refroidissement en rouge, tel le sang, lorsque les lapidaires la taillent, la polissent et la gravent.

Dans les tombes de la Vallée des Rois qui bordent le Nil, les momies ont un repose-tête en hématite afin d'évoquer l'utérus initial et le retour à la vie. Plusieurs tombes égyptiennes sont même entièrement tapissées d'hématite, murs et plafond, pour la même raison. Les Égyptiens faisaient de l'hématite un usage semblable à celui des hommes du paléolithique dont il est question ci-dessus : ils pulvérisaient de l'hématite et appliquaient la poudre sur les blessures des soldats pour activer la cicatrisation et éviter l'infection. Ils mélangeaient aussi la poudre d'hématite à du vin qu'ils buvaient pour neutraliser le venin de scorpion. Enfin, toujours avec la poudre d'hématite, ils préparaient un onguent qu'ils appliquaient sur les articulations douloureuses.

Cette évocation des soldats nous amène plus généralement à une propriété ancienne de l'hématite, celle de protéger les hommes qui vont se battre tout en leur donnant du courage avant le combat. Ainsi, les soldats de l'Antiquité portaient au pouce une bague en hématite (le pouce est le doigt de Mars, le Dieu de la guerre). L'hématite avait la réputation de rendre les soldats invulnérables.

Les mines d'hématite de Toutmosis, en Égypte, alimentaient un commerce florissant, jusqu'en Perse. On trouve de l'hématite dans les tombes de la Babylone ancienne. À Babylone, d'ailleurs, le lapidaire de l'empereur Azchalias, au Ier siècle avant J.-C., fabriquait des amulettes d'hématite permettant de se concilier la faveur des rois et des juges, amulettes fort utiles, par conséquent, lorsqu'il s'agissait de faire une requête ou d'aller devant un tribunal.

Deux millénaires plus tard, l'hématite est la pierre préférée des avocats... mais elle peut être également conseillée aux psychologues ou encore aux assistantes sociales, pourquoi pas, puisqu'elle favorise l'écoute de soi-même afin de mieux être à l'écoute des autres pour déceler ce qui ne va pas. L'hématite confère calme et sérénité face à l'adversité.

Mais revenons à son pouvoir majeur, intimement lié aux maladies du sang. Les Indiens d'Amérique du Nord, tout comme les Égyptiens, sur un autre continent, en un autre temps, buvaient un mélange de poudre d'hématite et de jus de grenade en cas d'anémie. Troublant, non ?

Les lithothérapeutes conseillent aujourd'hui l'hématite en cas de problèmes circulatoires, règles irrégulières ou difficiles, hypertension, anémies, crampes des membres inférieurs, et d'une façon générale pour purifier le sang, car elle a une fonction dépurative. Ils la recommandent également à ceux qui doivent travailler dans un environnement hostile, tel un bouclier de protection contre les énergies négatives qui nous entourent, pour ne pas se laisser imprégner par elles.

Autant de raisons qui justifient l'engouement pour les pendules en hématite, de toutes formes, boules, cônes...

Le jaspe

Ce minéral voisin de la calcédoine s'en distingue par son opacité. L'origine de son nom est grecque, signifiant *pierre mouchetée*. En effet, le jaspe se présente dans une multitude de couleurs allant du vert au brun, en passant par le rouge, sa masse étant nuancée par toutes sortes de motifs, zébrures, taches, mouchetures diverses aux formes variées, comme celles des nuages dans le ciel ou de paysages.

Comme la calcédoine ou encore l'agate, dont le jaspe est également proche, cette pierre se prête à d'innombrables utilisations, en fonction de ses couleurs et de ses dessins. On réalise avec le jaspe des anneaux, des sceaux, des mosaïques et même de somptueuses marqueteries pour orner meubles et tables… sans oublier des talismans et des pendules. Pour les pendules, on utilise le jaspe de couleur rouge.

Le jaspe est l'objet de la curiosité humaine depuis l'Antiquité. Selon l'Apocalypse des Hébreux, le trône de Dieu était en jaspe. L'emblème de saint Pierre était également en jaspe. Les Babyloniens l'utilisaient pour attirer les faveurs du dieu de la pluie, et avoir de bonnes récoltes. On retrouve curieusement la même symbolique chez les Indiens des grandes plaines d'Amérique du Nord, avant la colonisation européenne, qui s'en servaient pour amadouer la divinité capable de faire pleuvoir et de fertiliser leurs terres.

Dans l'Égypte ancienne, le jaspe servait à se protéger contre les mauvais sorts.

Chez les Assyriens, une amulette en jaspe était offerte à une femme sur le point d'accoucher afin de faciliter l'accouchement, tradition que l'on retrouve également dans l'Europe médiévale, bien plus tard.

Dioscoride indique que le jaspe doit être appliqué sur la plaie faite par la morsure d'un serpent : il a le pouvoir d'absorber le venin. Galien le conseille en cas de mal d'estomac… indication que l'on retrouve en lithothérapie avec un usage original : il est recommandé de laisser reposer du jaspe dans un verre d'eau pendant toute une nuit et de boire l'eau le matin à jeun, celle-ci étant chargée positivement par l'énergie vibratoire de la pierre.

Le jaspe passe pour favoriser l'enracinement, pour développer la confiance en soi, pour faciliter la concrétisation de ses projets personnels. Il aide à l'émergence de notre potentiel, de notre individualité. Il a aussi la réputation de rendre invincible, en toutes circonstances. Cette symbolique de l'invincibilité attachée au jaspe explique certainement le succès de cette pierre si originale.

Le jaspe fait rêver. En Angleterre, les colliers de jaspe ont un grand succès auprès des femmes qui veulent plaire, attirer le regard des hommes.

L'aventurine

L'aventurine est une pierre à part, douce au toucher lorsqu'elle est polie, infiniment douce. Les Anglais ont une expression pour qualifier une telle propriété : *touchstone*, littéralement *la pierre à toucher*, qui induit un effet tactile pour une pierre à placer dans sa poche et, lorsqu'on en ressent le besoin, à tenir au creux de sa main pendant un instant pour ressentir les bénéfiques influences qui s'en dégagent.

C'est un quartz dont la masse est infiltrée de paillettes de mica et d'hématite, lui donnant une couleur verte indéfinissable, pastel. Son nom vient de l'italien *a ventura* (« par hasard ») : un jour, un artisan de Murano fit tomber par mégarde des paillettes de cuivre dans un bac de verre fondu, et le mélange en refroidissant prit un aspect pailleté du plus bel effet. L'aventurine naturelle présente cette même apparence pailletée si harmonieuse quand la lumière est réfléchie par les paillettes de mica et d'hématite, d'où son nom.

Cette pierre douce au toucher est également douce à l'esprit qu'elle apaise, qu'elle calme. Cet effet apaisant est précieux pour les personnes nerveuses, impulsives, qui perdent rapidement leur maîtrise de soi. Celles-ci, ayant ainsi tendance à subir les manifestations intempestives de leur « self-control », auront dans leur poche un petit œuf en aventurine et, lorsqu'elles sentent monter la pression, caresseront leur pierre (ou la prendront au creux de leur main)... pour que tout rentre dans l'ordre.

La douce énergie induite par l'aventurine entraîne un nettoyage émotif en profondeur, une authentique épuration des émotions. Un bien-être particulier en découle, d'autant plus qu'elle renvoie l'énergie négative à l'entourage qui la produit, comme un miroir réfléchissant. Ce pouvoir est fort précieux pour les personnes stressées, hypersensibles aux fluctuations de leur environnement. Ainsi, au travail, dans un bureau (ou tout autre lieu, atelier...) où l'on est entouré de personnes à l'influence négative, il sera utile de se protéger avec une aventurine.

Bien loin du calme et de la sérénité attachés à l'aventurine, les Américains, infiniment plus prosaïques, en font une pierre qui attire l'argent. Sans doute à cause de la couleur : billet vert (le dollar)... pierre verte (aventurine) ! Et c'est vraisemblablement ce qui explique le succès des pendules en aventurine auprès des radiesthésistes qui recherchent les numéros gagnants du Loto et autres loteries. Les talismans en aventurine s'arrachent aux États-Unis, en particulier dans le milieu des joueurs. Avant de pénétrer dans un casino pour tenter leur chance, parfois pendant des journées entières, devant les *bandits manchots* (machines à sous) des casinos de Las Vegas ou d'Atlantic City, les joueurs américains se parent d'un tel talisman, à toutes fins utiles.

Le bien-être induit par l'aventurine épure aussi les peurs résiduelles, les angoisses. Elle facilite un sommeil profond, sans cauchemars.

Considérant tous les atouts de cette pierre, on comprend que les pendules émetteurs en aventurine, comme les pendules égyptiens, connaissent un tel engouement.

En lithothérapie, une indication supplémentaire est attachée à l'aventurine, celle de soigner les maladies de peau, eczéma, urticaire, et les allergies. Deux méthodes sont employées. Soit on plonge l'aventurine toute une nuit dans un récipient rempli d'eau, puis au matin on fait des compresses avec cette eau chargée des pouvoirs apaisants et adoucissants de la pierre. Soit on boit un élixir d'aventurine, l'eau ayant gardé la mémoire des subtiles vibrations de la pierre.

| La labradorite

C'est une pierre très originale par la caractéristique qui lui est propre de changer de couleur en fonction de son orientation par rapport à une source lumineuse. Pierre d'aspect ordinaire, sombre, grise, elle s'éclaire comme par enchantement quand on l'oriente différemment, une fois polie, dans un chatoiement magnifique de nuances bleutées.

La labradorite réserve bien des surprises par la grâce de ces *irisations* merveilleuses (le mot n'est pas trop fort) qui vont bien au-delà du bleu, dans le spectre chromatique. On appelle d'ailleurs *spectrolite* une variété de labradorite venue de Finlande dont les irisations multicolores épousent toutes les teintes de l'arc-en-ciel. On a même donné un nom à cette propriété spécifique de la labradorite : la *labradorescence*. Son nom vient de la région canadienne où elle fut découverte, le Labrador.

La labradorite fonctionne à la fois comme une éponge et comme un bouclier : elle absorbe les énergies négatives de notre environnement, les maux et les peines d'autrui... et nous protège ainsi contre leur effet destructeur. C'est la pierre indiquée pour tous ceux qui sont en contact avec la souffrance des autres, principalement les personnes du corps médical (médecins, infirmières, aides soignantes dans les hôpitaux), car elle évite d'absorber leurs problèmes, leurs difficultés, voire leurs maladies. Les lithothérapeutes indiquent la labradorite pour stimuler nos propres capacités d'autoguérison. C'est une pierre qui dynamise la régénération physique et mentale, propriété bien utile quand on est fatigué, très fatigué, épuisé, aussi bien physiquement que mentalement.

D'autre part, la labradorite efface les traumatismes antérieurs, y compris ceux de la petite enfance (certains disent même : ceux des mémoires antérieures). Elle crée un cocon protecteur où l'on peut se reconnecter, se retrouver soi-même après une épreuve, une maladie.

Enfin, la labradorite a la réputation de faciliter les relations d'amitié. C'est donc la pierre des personnes solitaires, qui vivent mal leur isolement.

Les pendules en labradorite permettent des travaux d'une grande subtilité dans les domaines dont nous venons de parler.

La sodalite

La sodalite est un minéral alcalin sous-saturé en silice (à l'opposé du quartz, par conséquent), proche de la famille des feldspaths. Elle se présente généralement en masse amorphe, ses cristaux, rares, étant des dodécaèdres rhomboïdaux. C'est sa couleur qui retient l'attention, un bleu magnifique, dense, sombre, opaque, profond.

La sodalite est une pierre majeure de la lithothérapie puisqu'elle est réputée bénéfique dans plusieurs cas :

- équilibre du système endocrinien,
- régulation des sécrétions pancréatiques,
- normalisation du système lymphatique,
- apaisement des tensions nerveuses,
- stimulation du métabolisme digestif,
- régulation de la tension artérielle.

En radiesthésie médicale, les pendules en sodalite sont utilisés au niveau du chakra de la gorge et du troisième œil. La sodalite est un minéral qui apporte la sérénité, apaise les tensions, canalise les énergies. Elle favorise la confiance en soi, permet de surmonter nos peurs, nous donne du courage. Réputée équilibrer la polarité mâle-femelle, la sodalite structure la personnalité, aide à nous enraciner, procure de la stabilité, favorise nos relations avec autrui, notre capacité à communiquer.

| L'œil-de-tigre

L'œil-de-tigre est une variété bien particulière de quartz, opaque, de magnifique couleur mordorée allant du jaune d'or au brun intense. C'est la forme originale de ses *veines* colorées qui lui a donné son nom, par analogie avec le pelage du tigre.

C'est la pierre de protection par excellence, celle qui nous protège :

- contre le *mauvais œil*,
- contre les influences négatives,
- contre les gens pessimistes,
- contre les *pollutions* (physiques et mentales).

L'œil-de-tigre a en quelque sorte un effet miroir qui renvoie à son point de départ, en le réfléchissant, tout ce qui peut nous nuire. Cette pierre *boomerang* est utilisée pour les désenvoûtements.

C'est un minéral qui favorise la concentration et permet de se mobiliser sur l'essentiel, à tous les points de vue, pour avancer dans la vie, pour entreprendre, pour aller de l'avant. Favorisant une meilleure connaissance de soi, occultant nos angoisses, dépassant nos blocages émotionnels, l'œil-de-tigre permet également (et ce n'est pas sa moindre vertu) de surmonter les problèmes d'argent.

En radiesthésie médicale, l'œil-de-tigre est réputé :

- stimuler les défenses immunitaires,
- favoriser la convalescence, après une opération,
- freiner les processus dégénératifs,
- apaiser les douleurs articulaires, musculaires (et autres),
- accélérer la régénération tissulaire et épithéliale.

Toutes ces raisons expliquent le succès rencontré par les pendules en œil-de-tigre.

L'ambre

L'ambre est unique à cause de sa nature originale : ce n'est pas une pierre à proprement parler, n'étant pas un minéral constituant de l'écorce terrestre. C'est une résine fossile. Elle s'est formée à l'oligocène, il y a environ 50 millions d'années. C'est tout simplement la sève d'un conifère, *pinites succifera*, une variété de pin, qui s'est fossilisée. Les Romains l'appelaient d'ailleurs *succinum*, la pierre de sève. Cette résine fossile se présente sous forme amorphe (non cristallisée) en nodules transparents ou translucides, à l'éclat vitreux. Sa couleur jaune varie du plus pâle au plus foncé (brun), la dominante de couleur miel étant certainement la plus belle.

Comme toute résine, l'ambre a la faculté de brûler en présence d'une source de chaleur. Sa lente combustion dégage une agréable odeur aromatique qui rappelle le parfum de la résine du pin, ce qui est logique. Au même titre que l'encens, la combustion de l'ambre a une vertu purificatrice. La pièce où brûle l'ambre se trouve purifiée. C'est cette fonction qui explique le succès de l'ambre comme élément de pendules émetteurs puissants.

L'ambre a une autre particularité qui rappelle celle de la magnétite, à un degré moindre tout de même : c'est un aimant naturel. Si l'on frotte la surface d'un morceau d'ambre avec un chiffon, l'ambre attire ensuite les corps légers : brindilles, petits bouts de papier... Cette propriété magnétique de l'ambre a de multiples applications bénéfiques dans le domaine de la lithothérapie, les mêmes que celles de la magnétite, principalement l'action antalgique. Toute personne ayant des rhumatismes sera soulagée en portant un collier d'ambre.

Autre particularité de l'ambre (qui décidément n'en manque pas), celle de générer des inclusions remarquables. À l'oligocène, il y a 50 millions d'années, quand la résine du pin s'est progressivement pétrifiée, sa nature visqueuse et collante a piégé toutes sortes de substances minérales, animales ou végétales. On trouve ainsi dans l'ambre des inclusions de microcristaux ou encore de feuilles, de fleurs, de bouts d'écorce, de brindilles... mais aussi d'une faune très variée allant de la mouche à l'abeille, du petit lézard au scorpion... Ces animaux se sont trouvés *emprisonnés* dans la résine en cours de fossilisation, et on les retrouve aujourd'hui dans l'ambre, intacts, plusieurs dizaines de millions d'années plus tard. La science-fiction s'est emparée de ces phénomènes d'inclusions étranges. C'est le point de départ du synopsis du film de Steven Spielberg *Jurassic Park*, un fragment d'ambre ayant conservé intact l'ADN d'un animal préhistorique.

Les arbres de l'oligocène ayant été depuis bien longtemps engloutis par les eaux, c'est la mer qui restitue l'ambre fossile, aujourd'hui. Voilà pourquoi les plus beaux gisements d'ambre se trouvent sur le littoral de la mer Baltique ou encore sur les côtes de la République dominicaine.

L'ambre est souvent associé à l'immortalité. Le breuvage qui rendait les dieux grecs immortels était composé d'ambroisie et d'ambre, les deux mots ayant la même racine grecque, *ambrotos*, qui signifie « immortel ». On comprend ainsi le fabuleux succès de l'ambre, depuis la nuit des temps, sur tous les continents, dans toutes les civilisations de l'Antiquité jusqu'à nos jours. On peut parler d'universalité de l'ambre. Évoquant l'immortalité, il est associé à la vie éternelle et considéré depuis toujours comme une véritable panacée, capable de guérir tous les maux. On trouve des statuettes d'ambre dans les pyramides égyptiennes et dans les tombeaux étrusques, phéniciens et chaldéens. Les Grecs le consacraient à Zeus, le dieu des dieux, immortel entre tous, en faisant brûler de l'ambre dans les temples qui lui étaient dédiés. Les gladiateurs romains, pour ne pas mourir dans l'arène, en portaient sur eux. Tradition que l'on retrouve plus tard, au haut Moyen Âge, où les Vikings attribuaient leur invincibilité à l'ambre qu'ils plaçaient dans leur armure.

On comprend son succès au regard de telles anciennes pratiques. Un collier d'ambre protège contre le *mauvais œil*, contre tous les dangers, contre les maladies. L'ambre apporte la sécurité, la longévité, la santé. Sa haute énergie vibratoire, d'origine magnétique et restituant 50 millions d'années de force contenue, purifie l'organisme, le régénère, le revitalise, le stimule. L'ambre redonne des forces aux personnes les plus fatiguées, physiquement, mentalement. Selon certains lithothérapeutes, il permet de retrouver aussi la jeunesse perdue, la vitalité.

Sur le plan sexuel, l'ambre induit l'harmonie dans un couple, un épanouissement partagé. Il stimule la libido paresseuse et le manque de vigueur chez l'homme, ainsi que l'asthénie sexuelle chez la femme et la baisse progressive du désir, chez l'un comme chez l'autre.

| Le corail

Tout comme l'ambre et la perle, le corail n'est pas une pierre à proprement parler, un minéral, mais on l'inclut généralement dans la lithothérapie car cette substance est constituée de carbonate de calcium, telle la calcite minérale. Le corail est en effet d'origine organique. Il s'agit de squelettes calcifiés de petits animaux, les cœlentérés, encore appelés coralliaires, qui ont la particularité d'avoir à une extrémité un pied, à l'autre une bouche entourée de tentacules. Les squelettes de ces animaux se calcifient au contact de l'eau de mer et s'accumulent par millions pour former des récifs, dits coralliens. Parfois même, l'accumulation est tellement importante que les coraux finissent par constituer un atoll, c'est-à-dire un récif corallien continu, sous forme d'anneau, autour d'une petite île émergeant au-dessus de la mer. La lagune d'eau de mer située entre l'atoll corallien et l'île s'appelle un lagon.

Il existe des coraux dans toutes les nuances de rouge et de rose, les plus prisés étant les coraux rouges, dits *nobles*. La couleur rouge du corail lui confère tout naturellement en gemmothérapie des vertus bénéfiques pour la circulation du sang. Le corail, semblable au sang utérin, est associé à la fertilité féminine, aux cycles des menstruations (en Italie, on dit d'ailleurs que la femme qui porte un corail voit la couleur de celui-ci se modifier durant les différentes phases de son cycle menstruel).

Le corail symbolise la vie, la maternité. Il stimule l'énergie vitale. Mais il a une autre indication, majeure, celle de favoriser la reconstruction des os après une fracture. Il est d'ailleurs utilisé, aujourd'hui, en chirurgie réparatrice osseuse, car il favorise les greffes. Déminéralisation et décalcification sont combattues par le corail. La femme postménopausée souffrant d'une perte de substance osseuse, l'ostéoporose, se trouvera bien d'en porter sur elle. Et les pendules émetteurs comprenant du corail sont précieux en radiesthésie médicale.

L'améthyste

Pierre bénéfique, pierre de l'amour, pierre de la santé, pierre de la paix... autant de surnoms, à propos de l'améthyste, qui illustrent combien cette pierre est universellement reconnue pour avoir de multiples propriétés en tous domaines, dont celui de la radiesthésie.

Sa couleur violette est splendide, dans tous les tons allant du bleu lavande au violet le plus foncé, avec des nuances pourpres sublimes. Il s'agit d'un quartz coloré par de l'oxyde de manganèse. L'améthyste la plus belle, aujourd'hui, provient du Brésil et de Madagascar, mais on la trouve un peu partout dans le monde.

Les chevaliers partant pour les croisades portaient sur eux un chapelet d'améthyste béni par les hommes d'Église ayant prêché ces croisades où il s'agissait de libérer les lieux saints. Les évêques, traditionnellement, portent une bague en améthyste qui vient en aide à toute personne qui la baise. D'où son autre surnom : la *pierre d'évêque*. Il faut noter qu'une améthyste est sertie dans l'anneau épiscopal.

Pour remonter bien plus loin dans la chrétienté, ne dit-on pas que ce fut une améthyste qui orna la bague de fiançailles offerte par Joseph à la Vierge Marie ? D'où certains symboles qui lui sont attribués : la chasteté, la sagesse, la sincérité, la sérénité, la modestie, l'humilité. Les personnes qui manquent justement de ces vertus-là porteront avec profit une améthyste, et leur vie en sera transformée. D'autre part, c'est parce que saint Valentin en portait une que cette pierre est devenue la pierre des amoureux, avec certaines valeurs se rapportant à la pureté de l'amour, à la tendresse, au respect mutuel, à la courtoisie.

L'améthyste rend sage. Elle est indiquée pour les personnes extraverties, fougueuses, intempérantes. Son nom vient de là : littéralement, en grec *a* (privatif) et *méthys* (alcool). Étymologiquement, l'améthyste est donc la pierre qui prévient de l'ivresse. D'ailleurs, dans l'Antiquité, on servait le vin dans des coupes en améthyste (souvent ornées de la tête de Bacchus) afin d'inciter à la modération.

Plus généralement, aujourd'hui, les lithothérapeutes conseillent l'améthyste en cas d'intoxications variées : alcool mais aussi tabac, café, drogues diverses... Quand on a trop bu, on peut placer une améthyste dans un verre d'eau avant de se coucher et boire cette eau le matin au lever.

L'améthyste purifie. C'est cette vertu qui explique son utilisation classique en médecine de l'habitat : on place une géode d'améthyste dans la salle de séjour, qui purifie l'atmosphère, procure une détente du corps et de l'esprit. On trouve des géodes d'améthyste de toutes les dimensions. Dans certains musées, comme au Muséum d'histoire naturelle de Paris (au Jardin des Plantes), on conserve des géodes gigantesques, généralement venues du Brésil, où un homme entier peut entrer !

À côté de son utilisation purificatrice sous cette forme de géode, l'améthyste est le plus souvent disponible en cristaux isolés, tels les cristaux de quartz qui appartiennent à la même famille. Ces cristaux sont extraits de fractures granitiques, de failles au sein des roches cristallines. Curieusement, en haute montagne, les aigles recherchent les affleurements de filons d'améthyste pour y construire leur nid – un peu comme s'ils avaient conscience que cette pierre violette protégeait leur progéniture. L'améthyste a d'ailleurs cette fonction protectrice contre les intempéries, les tempêtes, la grêle, la foudre...

Les innombrables pouvoirs de l'améthyste s'étendent en d'autres domaines. Par exemple, celui du vieillissement de la peau. Sainte Hildegarde en faisait une panacée et prescrivait de frotter un cristal d'améthyste contre la peau pour l'empêcher de vieillir, de flétrir, de se rider.

Remède miracle pour certains lithothérapeutes, douée de pouvoirs absolus, étendus, l'améthyste est omniprésente dans les traitements conseillés par eux.

Autre indication : placer un cristal d'améthyste sous l'oreiller permet de mieux dormir, profondément, et de ne pas faire de cauchemars. L'améthyste calme la peur et les angoisses. Elle harmonise les déséquilibres nés de la bipolarité yin-yang.

L'améthyste violette réalise la symbiose entre le corps (rouge) et l'esprit (bleu). En fusionnant, le rouge et le bleu entraînent la parfaite synthèse du matériel et du spirituel qui s'expriment dans le violet. Les subtiles vibrations de l'améthyste ouvrent la conscience, augmentent l'espace de méditation, stimulent l'imagination, l'inspiration. Pierre de l'altruisme, l'améthyste incite à plus d'humanité.

| Le grenat

Le grenat est un silicate composé de silicium associé à un grand nombre de métaux : calcium, magnésium, fer, manganèse, aluminium, chrome… Selon leurs proportions réciproques, la couleur des grenats varie sensiblement, avec une dominante rouge marquée.

Les grenats les plus recherchés sont l'almandin (rouge brun aux nuances violettes), le grossulaire (orange foncé à brun), le pyrope (rouge sang), la rhodolite (rouge magenta nuancé de violet)… En joaillerie, on distingue les grenats de couleur rouge foncé, dits *masculins*, et ceux de couleur rouge clair, dits *féminins*.

Cette pierre recherchée est ainsi nommée par analogie avec la couleur de la pulpe d'un fruit, la grenade, *granatum* en latin. Les cristaux ont parfois une taille exceptionnelle, comme ceux qui ornent le reliquaire de Hongrie ou le trésor de Vienne, les fameux grenats de Bohême.

Depuis toujours, le grenat est associé au sang, compte tenu de sa couleur rouge dominante. Il passe pour favoriser la circulation du sang et le cœur.

C'est une pierre chaleureuse qui réchauffe, qui dynamise, qui stimule, qui vivifie, qui régénère. Cela explique son utilisation pour confectionner certains pendules émetteurs bien spécifiques, afin d'effectuer avec précision certains travaux dans le domaine de la radiesthésie.

Les gens asthéniques et fatigués se trouvent bien de porter un grenat pour retrouver des forces. C'est par excellence la pierre des gens anémiés, toujours en référence à sa couleur rouge qui évoque le sang. C'est aussi la pierre destinée aux femmes ayant des règles difficiles et douloureuses.

Dans l'Égypte ancienne, on plaçait un grenat dans le berceau d'un nouveau-né pour protéger celui-ci. Les croisés portaient des grenats pour éviter les hémorragies consécutives aux blessures éventuelles. En Orient, en Grèce antique et à Rome, ils étaient utilisés comme talismans protecteurs contre les empoisonnements (toujours cette référence : empoisonnements du sang ici).

Le grenat se porte en témoignage de fidélité. Les veuves, autrefois, choisissaient des bijoux en grenat pour faire connaître leur attachement à la mémoire de leur défunt époux. Dans la mouvance *New Age*, ce sont les jeunes gens qui s'offrent des grenats, gages de leur fidélité réciproque.

BOIS UTILISÉS DANS LA FABRICATION DES PENDULES

En annexe à ce chapitre sur la lithothérapie, il est utile d'évoquer les trois bois spécifiques dans lesquels sont fabriqués certains pendules : le buis, le bois de violette et l'ébène. Il existe d'ailleurs une parenté entre le végétal et le minéral puisque certains arbres, nous le savons, se transforment en silice avec le temps, raison pour laquelle on trouve dans certaines régions du globe terrestre des forêts entières de bois silicifié (transformé en quartz, calcédoine, agate), que l'on exploite pour en faire des plateaux de table (une fois les troncs sciés et polis). Il n'est donc pas incongru de situer en annexe au chapitre sur les minéraux le développement propre à la matière végétale des pendules.

· Le buis

Le buis est l'essence végétale la plus utilisée pour la fabrication des pendules en bois pour une bonne raison : c'est le 2e bois le plus dur du monde végétal (juste après l'ébène) et son nom (*buxus*) vient du mot grec *bycnos* qui signifie « dense », en raison de son extrême dureté.

Cet arbuste d'origine méditerranéenne, vivace, au feuillage persistant, est utilisé dans certains jardins d'ornement (avec le cyprès et le laurier) dans ce que l'on appelle « l'art topiaire ». Cette pratique très ancienne date de l'époque romaine : on travaille le feuillage du buis tel un sculpteur de pierre pour donner à l'arbuste une forme d'animal ou de figure mythologique.

Ce n'est pas le feuillage du buis qui nous intéresse pour la fabrication des pendules, mais son bois si extraordinaire : non seulement il est très dur et dense, au grain serré, mais en plus il est doux au toucher une fois poli, et agréable à regarder avec sa couleur claire, jaune pâle.

De tout temps, en Europe, cet arbuste a été recherché et apprécié par les tourneurs sur bois pour fabriquer :

- des manches d'outil très solides,
- des manches de couteau,
- des instruments de musique (flûtes, lutherie),
- des jouets pour les enfants (quand ils étaient encore en bois),
- des boules de pétanque (car, auparavant, elles étaient fabriquées en buis et non en fer : c'est dire la solidité de ce bois capable de résister quand deux boules s'entrechoquent).

Sans oublier les pendules, recommandés aux débutants radiesthésistes de préférence aux pendules en métal, en verre ou en pierre.

Les Anglais appellent le buis « *box* » et, traditionnellement, ils en font des boîtes solides, des coffrets à bijoux précieux... Le buis sert aussi à fabriquer... le maillet des loges maçonniques, symbolisant la fermeté, ainsi que celui des commissaires-priseurs.

Enfin, et sur un tout autre plan, comment ne pas mentionner la puissance symbolique du rameau de buis (on revient au feuillage) qui évoque l'immortalité et la résurrection, raison pour laquelle il est présent dans les cérémonies chrétiennes, une semaine avant Pâques... Dans les campagnes, on accroche un rameau de buis à la tête du berceau d'un nouveau-né en guise de porte-bonheur.

· Le bois de violette

Le bois de violette est l'une des variétés précieuses d'un bois exotique, le palissandre, l'autre étant le bois de rose. C'est un arbre magnifique, originaire du Brésil, dont le fût s'élève jusqu'à 20 mètres de haut, et qui a la particularité d'avoir un bois de couleur violette, veiné de noir, au grain serré, dense, dur.

Sa dénomination botanique est *Dalbergia cearensis*. Les Anglais l'appellent « *Kingwood* » et cela veut tout dire : pour eux, c'est le « roi » des bois pour plusieurs usages :

- ébénisterie,
- marqueterie,
- tabletterie,
- frisage, plaquage de meubles de style,
- tournage.

C'est dans cette dernière spécialité que figure la fabrication de pendules en bois de violette, lesquels se distinguent des autres pendules en bois par leur couleur à nulle autre semblable dans le monde végétal : plus sombre que le buis (jaune) et moins que l'ébène (noir).

· L'ébène

L'ébène est le plus dur des bois, raison pour laquelle il a tant de succès dans l'art du tournage : on arrive à sculpter dans sa masse des formes comparables à celles qui émergent d'un bloc de marbre. C'est sa couleur qui retient aussi l'attention, parfaitement noire, et dès la civilisation égyptienne, nombre d'œuvres d'art étaient en ébène, comme en témoignent les trésors découverts dans les tombeaux. Le Nil permettait d'acheminer l'ébène depuis les forêts des profondeurs de l'Afrique jusqu'aux rives de la Méditerranée. Il est aujourd'hui malheureusement devenu rare dans la forêt vierge de l'Afrique équatoriale (ayant été surexploité) et il est importé de Madagascar, d'Indonésie et des Indes. La variété la plus précieuse d'ébène est celle dite de « Macassar » venant des îles Célèbes.

Aux Indes, l'ébène est considérée avec dévotion, et elle sert depuis toujours à sculpter les sceptres impériaux et les objets meublant les palais d'un luxe inouï qui s'y trouvent. La variété Coromandel de l'ébène de Macassar voit la masse noire du bois veinée de gris et mouchetée de brun, ce qui donne à ce bois des nuances d'une rare beauté.

Dureté et beauté : voilà les deux raisons qui expliquent la fabrication de pendules en ébène, particulièrement recherchés par certains radiesthésistes.

CHAPITRE 6

SANTÉ DU RADIESTHÉSISTE

| Neutralisation des métaux lourds & purification de l'organisme

Nous ne cessons de le répéter dans ce livre, la condition première du succès, en radiesthésie, est indissociable d'une *neutralité* aussi parfaite que possible. Sinon, c'est l'échec.

Or il est un paramètre auquel on ne pense pas spontanément, quand on aborde ce sujet, c'est l'intoxication de l'organisme par des métaux lourds, plomb et mercure principalement. Insidieusement, mais inévitablement, les métaux lourds accumulés dans ses tissus interfèrent sur la qualité du travail d'un radiesthésiste, émettant un rayonnement perturbateur, nuisible et maléfique. Le plomb et le mercure, pour ne parler que d'eux, produisent des ondes particulièrement nocives, compte tenu de leur « poids » moléculaire. Tout radiesthésiste voulant progresser (ce qui doit être votre cas, puisque vous avez choisi de lire cet ouvrage à vocation pédagogique et initiatique) doit entreprendre une *neutralisation* des métaux lourds accumulés dans son organisme depuis des années et des années.

Il s'ensuivra une *purification* progressive, les métaux lourds interférant de moins en moins dans son travail, et finissant par ne plus l'influencer du tout, au terme de leur chélation définitive. Le pourcentage d'échecs en sera amenuisé d'autant, et la réussite meilleure, ce qui est le but recherché par tout radiesthésiste.

Plomb et mercure (et les autres produits énumérés plus loin) :

- asphyxient les cellules,
- surchargent le sang,
- saturent les tissus (os, muscles, nerfs),
- encombrent les organes chargés de leur filtration (foie, reins),
- affectent les fonctions respiratoires, intestinales, cérébrales…

La lente intoxication de l'organisme préjudiciable au bon travail du radiesthésiste ne concerne pas seulement le plomb et le mercure, mais bien d'autres produits tous plus toxiques les uns que les autres. On estime que nous sommes en contact avec plus de 20 000 produits chimiques dont on ignore tout des interactions fâcheuses avec notre organisme qui est, ne l'oublions pas, le dernier maillon de la chaîne alimentaire dans la nature.

Cet empoisonnement (il n'y a pas d'autre mot) concerne (par ordre alphabétique) : acétone, amiante, ammoniaque, anhydride sulfureux, antimoine, argent (nitrate, chlorure, bromure, iodure), arsenic, baryum, benzène, cadmium, carbone (oxyde, monoxyde, dioxyde), chlore, cobalt, cyanure, dieldrine, étain, éthanol, hexachlorocyclohexane, hydrogène sulfuré, hydroxyde de sodium, lindane, mercure, méthanol, naphtalène, nitrites, organochlorés, organophosphorés, paradichlorobenzène, phénols, phosgène, plomb, protoxyde d'azote, thallium, toluène, trichloréthylène, xylène…

Certains de ces polluants, comme le plomb et le mercure, ont une particularité pathogène : ils ne se désagrègent pas pendant le catabolisme digestif et pénètrent alors dans l'organisme à travers l'interface des microvillosités de la muqueuse intestinale. Ils s'accumulent ensuite dans le cerveau, entravent la neuromédiation, provoquent des maux de tête chroniques, des malaises, des convulsions nerveuses, des troubles du comportement par agressivité excessive et, d'une façon générale, une grande fatigue nerveuse.

C'est pourquoi ces métaux lourds sont un frein au bon travail du radiesthésiste, lequel a besoin de toute sa *concentration* (reportez-vous au chapitre sur « Les échecs en radiesthésie »). Voilà qui justifie, si l'on veut progresser en radiesthésie, d'entreprendre une neutralisation de ces toxiques.

Nous allons prendre un seul exemple, celui du mercure, métal à grande dangerosité qui est l'objet d'une campagne de sensibilisation, en Europe et aux États-Unis, au sujet des amalgames dentaires. On ne disait pas autrefois amalgame mais « plombage », et dans ce mot on retrouve le préfixe « plomb », « plomber » une dent signifiant l'obturer avec un amalgame contenant un alliage de mercure (50 %), d'argent (30 %), d'étain (10 %) et autres métaux.

Du mercure dans notre bouche ! Du mercure à l'extrême toxicité, révélée par le drame de la baie de Minamata, dans les années 1950. Cette baie est une anse naturelle à l'extrémité sud du Japon baignée par l'océan Pacifique. Depuis des siècles, les riverains de cette baie sont des pêcheurs, leur nourriture étant constituée de riz et de poisson. Or, progressivement, les habitants tombèrent gravement malades, sombrant dans la démence. Nombre de nouveau-nés furent trisomiques ou hydrocéphales, naissant avec des malformations épouvantables. Le responsable était le rejet dans la mer de sels de mercure d'une usine métallurgique installée sur la rive de la baie depuis peu de temps. La concentration du mercure dans le liquide céphalo-rachidien affectait de façon irréversible le cerveau des personnes mangeant du poisson contaminé par ce mercure rejeté dans la mer, c'est-à-dire l'ensemble de la population. Le retentissement de ce drame fut à l'origine de la toute première prise de conscience du grand public quant aux effets pervers de la pollution sur la santé, et de la création des premiers mouvements consuméristes aux États-Unis (les principaux pollueurs), en particulier grâce au combat courageux mené par l'avocat Ralph Nader.

Il fallut attendre une trentaine d'années pour que le drame de Minamata ait une répercussion directe sur notre vie quotidienne, avec l'émergence de la sensibilisation au problème des amalgames dentaires. C'est de 1993 que date l'acte fondateur de cette revendication aux États-Unis. La principale entreprise américaine fabriquant des amalgames dentaires fut cette année-là condamnée à verser 300 000 dollars de dommages et intérêts par un tribunal californien, la condamnation s'accompagnant de l'obligation pour tous les cabinets dentaires américains d'afficher dans leur salle d'attente un panneau précisant les risques pour la santé d'avoir des plombages contenant du mercure.

L'Organisation mondiale de la santé prit alors parti contre ces amalgames en alertant les femmes enceintes : le mercure pénètre dans le fœtus à travers le placenta, empoisonnant le bébé à naître. L'OMS préconise l'extraction des amalgames avant une grossesse, soulignant que l'allaitement d'une mère ayant des amalgames est dangereux. Les études se sont multipliées depuis, toutes plus alarmantes les unes que les autres. Ces études mettent l'accent sur l'accroissement des risques de cancer, sur les atteintes dégénératives cérébrales (démence sénile précoce = maladie d'Alzheimer).

La neurotoxicité est due à la pénétration du mercure dans l'organisme à doses infinitésimales (mais *infiniment*... nuisibles et nocives) par insalivation, par inhalation et par diffusion sanguine pure et simple, via les capillaires des maxillaires fortement vascularisés. Et ensuite, lentement mais... *sûrement*, il se dépose dans l'organisme. Pour désincruster ce mercure, pour le mobiliser, et pour l'éliminer, les naturopathes prescrivent la chlorella qui est un chélateur très actif.

C'est la structure membranaire de la chlorella qui permet la chélation. En effet, *Chlorella pyrenoidosa* est un micro-organisme unicellulaire *eucaryote* dont chaque cellule est entourée de trois membranes :

- une membrane externe et une membrane interne dont l'architecture macromoléculaire s'apparente aux fibres de la cellulose des plantes, formant un maillage d'une densité remarquable. Ces « microfibrilles cellulosiques membranaires » piègent les organites de métaux lourds ;
- une membrane moyenne qui contient une substance propre à la chlorella, nommée sporopolléine. Celle-ci fixe les éléments captés par les deux membranes qui l'entourent en les retenant, mieux, en les absorbant, tels un buvard ou une éponge.

C'est la combinaison de ces deux actions simultanées (captation + absorption) qui permet la phénoménale épuration de l'organisme par la chlorella. On peut parler de purification.

La chlorella agit ainsi sur les métaux lourds autres que le mercure, et les autres produits toxiques cités plus haut. J'invite tous les radiesthésistes qui veulent progresser, réduire les causes d'échec et améliorer leur pourcentage de réussite à entreprendre une cure de chlorella pour neutraliser et éliminer ces substances qui parasitent leur cerveau… et brouillent leur travail.

| Soulagement des articulations (poignet & coude)

En radiesthésie, deux articulations sont particulièrement sollicitées : le poignet et le coude. Cela tient à la gestuelle de tenue du pendule :

- avant-bras horizontal, ce qui sollicite le coude ;
- main en col de cygne, ce qui sollicite le poignet.

Ainsi, deux problèmes articulaires menacent tout radiesthésiste, surtout si les séances sont longues et répétées :

- le syndrome du canal carpien, qui concerne le poignet ;
- l'épicondylite, qui concerne le coude.

Nous allons décrire sommairement ces affections rhumatismales et donner les thérapies naturelles spécifiques recommandées.

Le syndrome du canal carpien

Le poignet est une articulation très particulière de l'organisme humain puisqu'il relie entre eux non pas deux os (comme la majorité des articulations), voire trois, mais quinze os différents (radius, cubitus, plus les huit os du carpe et les cinq os du métacarpe).

On comprend donc la grande densité et l'extrême complexité du réseau des tendons et des ligaments du poignet. Sans compter le canal carpien, dont tant de gens souffrent. Le syndrome du canal carpien touche les personnes dont le poignet est sollicité en permanence dans l'exercice de leur profession : les personnes qui tapent à longueur de temps sur leur clavier, mais aussi les employés dont le travail implique des mouvements répétitifs de flexion et d'extension du poignet (taille, manutention, assemblage, etc.), sans oublier les radiesthésistes, à cause de la tension musculaire et tendineuse qu'implique le positionnement particulier des doigts de la main (dite en *col de cygne*) : c'est l'articulation du poignet qui souffre.

Le canal carpien est une sorte de « tuyau » à la face antérieure du poignet, recouvert par le ligament annulaire antérieur, véritable gouttière qui livre passage aux tendons du fléchisseur du pouce, des fléchisseurs des doigts et au nerf médian responsable de l'innervation sensitive des doigts. C'est la compression du nerf médian qui provoque le syndrome du canal carpien, qui est tout à la fois un trouble mécanique (donc *moteur*) et sensitif.

Les femmes sont plus atteintes que les hommes, en particulier au-delà de 50 ans, les modifications hormonales de la ménopause étant en cause, ainsi que l'ostéoporose.

Ce sont les mouvements répétitifs de flexion et extension du poignet qui provoquent le syndrome du canal carpien, comme c'est le cas en radiesthésie, la tenue du pendule « fatiguant » le poignet. Il y a bien évidemment latéralité, c'est-à-dire prééminence de la main dominante (si on est droitier ou gaucher), celle qui tient le pendule.

La manifestation du syndrome du canal carpien est particulièrement douloureuse :

- paresthésie des doigts (surtout la nuit), c'est-à-dire picotements, fourmillement, engourdissement...
- maladresse à effectuer des gestes élémentaires de la vie quotidienne : tenir un livre ou un journal, saisir un objet : queue de casserole, brosse à dents... et à plus forte raison un pendule, qu'on ne peut plus tenir entre le pouce et l'index, même le pendule le plus léger (10 g) ;
- vive douleur irradiant jusqu'au coude, et même jusqu'à l'épaule ;
- inflammation du poignet.

C'est l'inflammation des tendons qui provoque la compression douloureuse du nerf médian situé dans le canal carpien. Le fait que les manifestations soient violentes pendant la nuit est dû à ce qu'en position allongée le sang augmente de pression dans le poignet, le drainage se faisant moins bien que lorsqu'on est debout. Et pendant la journée, l'inflammation et la douleur finissent par interdire toute activité professionnelle. C'est une cause importante d'arrêts de travail.

La chirurgie est alors nécessaire, pour libérer les tendons comprimés. Pour éviter une intervention chirurgicale aussi longtemps que possible (il n'est jamais sans danger de se faire opérer), on peut agir :

- en immobilisant le poignet avec une orthèse ;
- en prenant des anti-inflammatoires naturels :
  - *Harpagophytum* (provenance : Afrique),
  - *Boswellia serrata* (provenance : Asie) ;
- par un massage biquotidien avec un baume antalgique et anti-inflammatoire, par exemple le *Baume du Tigre* à base de menthol, de camphre et d'huiles essentielles ;
- en portant un bracelet de cuivre. (Découvrez les vertus anti-inflammatoires et antalgiques du bracelet de cuivre dans l'ouvrage de Jean-Paul Jacquemet, *Le Bracelet de cuivre, l'anti-douleur naturel*[4].)

Avant de commencer la séance de radiesthésie, il convient de quitter son bracelet de cuivre, qui est doublement et puissamment émetteur (par sa forme ouverte et par sa matière métallique) pour qu'il n'y ait pas d'interférence ondulatoire entre le pendule et le bracelet.

Et dès qu'on a reposé son pendule, travail terminé, on se dépêche de remettre le bracelet de cuivre au poignet qui doit être l'objet de toute votre attention pour qu'il reste apte à la radiesthésie.

4 Jean-Paul Jacquemet, *Le Bracelet de cuivre, l'anti-douleur naturel*, Déliver, 2004.

L'épicondylite

L'épicondylite est l'inflammation de l'épicondyle, qui est le nom de l'apophyse saillante et rugueuse du coude située au-dessus et en dehors du condyle convexe de l'extrémité de l'humérus. L'humérus est l'os du bras dont la partie supérieure s'articule à l'omoplate et dont la partie inférieure s'articule avec les os de l'avant-bras grâce à une épiphyse formée en dedans par la trochlée et en dehors par le condyle, les insertions musculaires se faisant à ce niveau par deux apophyses, l'épitrochlée et l'épicondyle.

Le coude est l'articulation reliant l'humérus aux os de l'avant-bras (le radius et le cubitus). L'inflammation de l'épicondyle est souvent appelée ***tennis-elbow*** (et non épicondylite) en référence au mot anglais désignant le coude (*elbow*) et au fait que beaucoup de joueurs de tennis en souffrent. Les radiesthésistes sont également exposés à l'inflammation de l'épicondyle à cause de la tension induite par le positionnement de l'avant-bras que l'on doit maintenir horizontal, ce qui n'est pas sa position naturelle.

Au niveau de l'épicondyle s'insèrent :

- le tendon du biceps qui commande la flexion de l'avant-bras ;
- le ligament latéral externe du coude ;
- les tendons des muscles extenseurs des doigts et du poignet (qui sont sollicités dans la tenue du pendule).

L'épicondylite est l'inflammation douloureuse de toute cette zone du coude de nature tendineuse, ligamentaire et osseuse. C'est une lésion mécanique et la douleur peut être intense et devenir invalidante : on ne peut plus rien prendre avec la main, même pas la queue d'une casserole… ni un pendule ! On va jusqu'à éviter de serrer la main de quelqu'un, pour ne pas souffrir !

Le traitement implique le port d'attelles ou une orthèse, simultanément à la prise d'antalgiques et d'anti-inflammatoires. On ne le dira jamais assez, les effets secondaires d'une telle thérapie médicamenteuse sont difficiles à supporter par l'organisme, en particulier par la muqueuse gastrique.

Heureusement, la phytothérapie offre une alternative naturelle. Comme pour le syndrome du canal carpien, nous vous conseillons :

- par voie interne : Harpagophytum et Boswellia serrata ;
- par voie externe : massages avec du Baume du Tigre ;
- d'appliquer pendant la nuit, localement, de part et d'autre du coude lésé, quatre pastilles magnétiques (en les fixant avec des disques adhésifs) en inversant leur polarité ;
- deux fois par jour, le matin au lever et le soir au coucher, d'appliquer deux magnets de part et d'autre du coude, en inversant leur polarité. (Vous trouverez toutes les informations utiles sur pastilles magnétiques et magnets dans l'ouvrage de Jean-Paul Jacquemet, *Les Aimants, clés du bien-être*[5].)

Nous faisons pour les aimants destinés à soulager le coude les mêmes recommandations que pour le bracelet de cuivre destiné à soulager le poignet : lorsqu'on travaille en radiesthésie, on ne doit porter ni pastilles magnétiques, ni magnets, car ils conditionneraient les mouvements du pendule compte tenu de leur rayonnement magnétique.

Découvrez sans tarder les vertus du bracelet de cuivre et des aimants pour entretenir votre « forme » radiesthésiste.

Étirements favorables à la pratique de la radiesthésie

Nous l'avons souligné plusieurs fois : la pratique de la radiesthésie nécessite d'être en pleine possession physique et mentale. Pour le mental, nous donnons dans un autre chapitre les remèdes naturels propres à stimuler la capacité de concentration. Quant au physique, nous vous proposons quelques exercices d'étirements destinés à prévenir la fatigue et à entretenir votre forme.

5 Jean-Paul Jacquemet, *Les Aimants, clés du bien-être, op.cit.*

Important :

- maintenez chaque position une dizaine de secondes avant d'enchaîner le mouvement suivant ;
- répétez chaque mouvement trois fois de suite, systématiquement.

Voici les 10 mouvements que je préconise :

– Mouvement n° 1

Debout, levez les bras aussi haut que possible au-dessus de la tête, étirant le dos au maximum.

Étirement : haut du dos, biceps.

– Mouvement n° 2

Pliez les genoux, les hanches en arrière, le torse penché vers l'avant, parallèle au sol, les bras pliés à la façon d'un skieur.

Étirement : fesses, cuisses, bas du dos.

– Mouvement n° 3

Debout, faites glisser un bras le long du corps jusqu'au genou, sans vous pencher vers l'avant, et levez le bras opposé au-dessus de la tête.

Étirement : ceinture abdominale.

– Mouvement n° 4

Tendez les deux bras derrière le dos en joignant les mains, en tirant sur les bras vers l'arrière et en bombant le torse.

Étirement : épaules, torse.

– Mouvement n° 5

Penchez-vous en avant pour amener le torse parallèle au sol sans plier les jambes, en levant les deux bras derrière vous, tout en gardant le dos bien droit.

Étirement : cuisses, fesses, épaules, biceps.

– Mouvement n° 6

Une jambe pliée, tendez la jambe opposée en arrière, les orteils restant au sol, le torse bien droit, vertical.

Étirement : cuisses, fesses, abdominaux.

– Mouvement n° 7

Mettez-vous à genoux, puis tirez les hanches vers l'arrière pour poser les fesses sur les talons tout en mettant le menton contre la poitrine et en baissant le torse vers le sol, les bras tendus vers l'avant dans le prolongement des épaules.

Étirement : dos, épaules.

– Mouvement n° 8

Faites le mouvement n° 3 en inversant les bras.

Étirement : ceinture abdominale.

– Mouvement n° 9

Faites le mouvement n° 6 en inversant les jambes.

Étirement : cuisses, fesses, abdominaux.

– Mouvement n° 10

Accroupissez-vous en écartant les pieds pointés vers l'extérieur, en gardant le dos bien droit et en posant les coudes sur les cuisses, tirant sur les omoplates vers l'arrière.

Étirement : torse, intérieur des cuisses, fesses.

ANNEXE

Cadrans vierges

TÉMOIN

Bibliographie

AURIVE Marc, *Le Grand Livre de la radiesthésie*, Trédaniel, 1997.

AURIVE Marc, *La Radiesthésie, des applications pratiques pour votre vie quotidienne*, Marabout, 1990.

BAUDIN Bernard, *Comment pratiquer la radiesthésie*, Retz, 1989.

DE BELIZAL André et CHAUMERY Léon, *Essais de radiesthésie vibratoire*, Dangles, 1986.

BIRD Christopher, *L'Art de la radiesthésie*, Robert Laffont, 1981.

COQUELLE Dominique, *Le Pendul'or*, Trajectoire, 1997.

CROZIER J.-L. et MANDORLA J., *ABC de la radiesthésie*, Grancher, 1991.

DE FRANCE Henri, *Radiesthésie théorique et pratique*, Desforges, 1985.

FANGAIN Jocelyne, *Cours complet de radiesthésie*, Trajectoire, tome 1, 2005, tome 2, 2007.

FANGAIN Jocelyne, *Le Grand Livre des pendules*, Trajectoire, 2002.

FANGAIN Jocelyne, *Encyclopédie des pendules*, Trajectoire, 2012.

FANGAIN Jocelyne, *Planches-Cadrans de radiesthésie médicale*, Trajectoire, 2017.

FELSENHARDT Robert, *La Réalité de la radiesthésie*, Magellan, 1994.

LE GALL Maurice, *Toute la radiesthésie en neuf leçons*, Dervy, 1991.

HEIME D., *Nouvelle méthode de radiesthésie*, Maison de la radiesthésie, 1952.

JURION Jean, *La Radiesthésie, techniques et applications*, Belfond, 1976.

DE KERSAINT Jean-Pol, *Tout par la radiesthésie. Notions élémentaires pratiques pour toutes recherches dans les domaines les plus variés*, Dangles, 1974.

KIRCHENER Georg, *Pendule et baguette*, Éditions Le Jour, 1983.

LACROIX-À-L'HENRI René, *Manuel théorique et pratique de radiesthésie*, Dangles, 1970.

LACROIX-À-L'HENRI René, *Théories et procédés radiesthésiques*, Dangles, 1972.

LACROIX-À-L'HENRI René, *Manuel de radiesthésie. Cours complet, théorique et pratique de radiesthésie pour tous*, Dangles, 1975.

LAVALOU Yvon, *Nouveau guide de la radiesthésie*, Éditions de L'inconnu, 1991.

LUCY Antoine, *L'Éducation radiesthésique, Formation complète et profonde du radiesthésiste moderne*, Dangles, 1950.

LUZY Antoine, *Le Perfectionnement radiesthésique, Contribution nouvelle à la formation du radiesthésiste moderne, nouveau procédé pour faciliter les recherches*, Dangles, 1952.

LUZY Antoine, *La Radiesthésie moderne. Théorie et pratique complètement expliquées*, Dangles, 1953.

LUZY Antoine, *Le Mystère et la Vérité en radiesthésie*, Dangles, 1954.

LUZY Antoine, *La Recherche radiesthésique dans le temps et l'espace*, Dangles, 1954.

MAGER Henri, *La Vérité sur la radiesthésie. Ses bases scientifiques, ses méthodes, ses possibilités*, Dangles, 1947.

MERMET Abbé, *Comment j'opère pour découvrir, de près ou à distance, sources, métaux, corps cachés, maladies*, La Maison de la radiesthésie, 1995.

MOINE Michel, *Le Guide de la radiesthésie*, Stock, 1973.

MOLARD Joseph, *Comprendre, apprendre, pratiquer la radiesthésie*, Dervy, 1983.

MULLER Helmut, *Pratique de la radiesthésie. Les fabuleux pouvoirs du pendule*, De Vecchi, 1985.

ROCARD Yves, *Le Signal du sourcier*, Dunod, 1963.

ROCARD Yves, *Les Sourciers*, Presses universitaires de France, 1981.

ROCARD Yves, *La Science et les Sourciers. Baguettes, pendules*, Dunod, 1981.

SERRES Paul, *La Vérité sur la radiesthésie. Ses bases scientifiques, ses méthodes, ses possibilités*, Dunod, 1947.

SERVRANX Félix, *Vos débuts en radiesthésie*, Servranx, 1992.

TRESSEL Pierre, *La Pratique de la radiesthésie*, Alsatia, 1952.

Table des matières

CHAPITRE 4

FAITES VOTRE CHOIX 99

CHAPITRE 5

LITHOTHÉRAPIE RELATIVE À LA RADIESTHÉSIE 131

Déjà parus aux éditions Trajectoire

PLANCHES-CADRANS
DE RADIESTHÉSIE MÉDICALE
DE J. FANGAIN

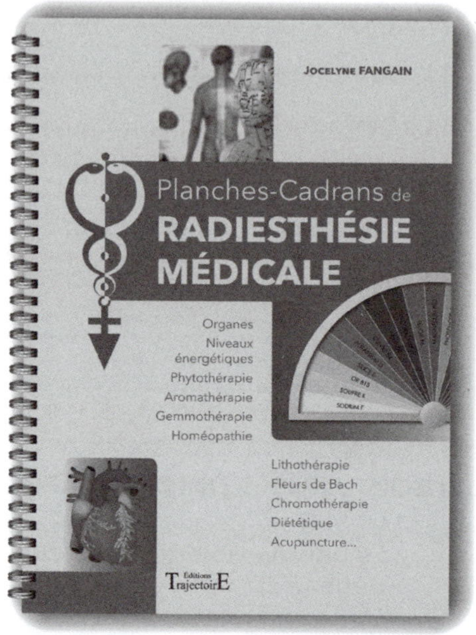

LE PENDUL'OR
DE D. COQUELLE

Dépôt légal : mai 2017 N° imprimeur : 092066969
Imprimé en France en septembre 2020 par Présence Graphique - Monts